ENERGÍA CALORÍFICA

Anthea Maton
Ex coordinadora nacional de NSTA
Alcance, secuencia y coordinación del proyecto
Washington, DC

Jean Hopkins
Instructora de ciencias y jefa de departamento
John H. Wood Middle School
San Antonio, Texas

Charles William McLaughlin
Instructor de ciencias y jefe de departamento
Central High School
St. Joseph, Missouri

Susan Johnson
Profesora de biología
Ball State University
Muncie, Indiana

Maryanna Quon Warner
Instructora de ciencias
Del Dios Middle School
Escondido, California

David LaHart
Instructor principal
Florida Solar Energy Center
Cape Canaveral, Florida

Jill D. Wright
Profesora de educación científica
Directora de programas de área internacional
University of Pittsburgh
Pittsburgh, Pennsylvania

Prentice Hall
Englewood Cliffs, New Jersey
Needham, Massachusetts

Prentice Hall Science

Heat Energy

Student Text and Annotated Teacher's Edition
Laboratory Manual
Teacher's Resource Package
Teacher's Desk Reference
Computer Test Bank
Teaching Transparencies
Product Testing Activities
Computer Courseware
Video and Interactive Video

The illustration on the cover, rendered by David Schleinkofer, is called a thermogram. The light colors show areas where heat is being lost.

Credits begin on page 88.

SECOND EDITION

© 1994, 1993 by Prentice-Hall, Inc., Englewood Cliffs, New Jersey 07632.

ISBN 0-13-400698-4

1 2 3 4 5 6 7 8 9 10   97 96 95 94 93

Prentice Hall
A Division of Simon & Schuster
Englewood Cliffs, New Jersey 07632

STAFF CREDITS

Editorial:	Harry Bakalian, Pamela E. Hirschfeld, Maureen Grassi, Robert P. Letendre, Elisa Mui Eiger, Lorraine Smith-Phelan, Christine A. Caputo
Design:	AnnMarie Roselli, Carmela Pereira, Susan Walrath, Leslie Osher, Art Soares
Production:	Suse F. Bell, Joan McCulley, Elizabeth Torjussen, Christina Burghard
Photo Research:	Libby Forsyth, Emily Rose, Martha Conway
Publishing Technology:	Andrew Grey Bommarito, Deborah Jones, Monduane Harris, Michael Colucci, Gregory Myers, Cleasta Wilburn
Marketing:	Andrew Socha, Victoria Willows
Pre-Press Production:	Laura Sanderson, Kathryn Dix, Denise Herckenrath
Manufacturing:	Rhett Conklin, Gertrude Szyferblatt

Consultants

Kathy French	National Science Consultant
Jeannie Dennard	National Science Consultant

Prentice Hall Science

Energía calorífica

Student Text and Annotated Teacher's Edition
Laboratory Manual
Teacher's Resource Package
Teacher's Desk Reference
Computer Test Bank
Teaching Transparencies
Product Testing Activities
Computer Courseware
Video and Interactive Video

La ilustración de la tapa de David Schleinkofer se conoce como "termograma." Los colores claros muestran las áreas donde se pierde calor.

Procedencia de fotos e ilustraciones, página 88.

SEGUNDA EDICIÓN

ISBN 0-13-802125-2

1 2 3 4 5 6 7 8 9 10   97 96 95 94 93

Prentice Hall
A Division of Simon & Schuster
Englewood Cliffs, New Jersey 07632

PERSONAL

Editorial: Harry Bakalian, Pamela E. Hirschfeld, Maureen Grassi, Robert P. Letendre, Elisa Mui Eiger, Lorraine Smith-Phelan, Christine A. Caputo

Diseño: AnnMarie Roselli, Carmela Pereira, Susan Walrath, Leslie Osher, Art Soares

Producción: Suse F. Bell, Joan McCulley, Elizabeth Torjussen, Christina Burghard

Fotoarchivo: Libby Forsyth, Emily Rose, Martha Conway

Tecnología editorial: Andrew G. Black, Deborah Jones, Monduane Harris, Michael Colucci, Gregory Myers, Cleasta Wilburn

Mercado: Andrew Socha, Victoria Willows

Producción pre-imprenta: Laura Sanderson, Kathryn Dix, Denise Herckenrath

Manufactura: Rhett Conklin, Gertrude Szyferblatt

Asesoras

Kathy French — National Science Consultant
Jeannie Dennard — National Science Consultant

Contributing Writers

Linda Densman
Science Instructor
Hurst, TX

Linda Grant
Former Science Instructor
Weatherford, TX

Heather Hirschfeld
Science Writer
Durham, NC

Marcia Mungenast
Science Writer
Upper Montclair, NJ

Michael Ross
Science Writer
New York City, NY

Content Reviewers

Dan Anthony
Science Mentor
Rialto, CA

John Barrow
Science Instructor
Pomona, CA

Leslie Bettencourt
Science Instructor
Harrisville, RI

Carol Bishop
Science Instructor
Palm Desert, CA

Dan Bohan
Science Instructor
Palm Desert, CA

Steve M. Carlson
Science Instructor
Milwaukie, OR

Larry Flammer
Science Instructor
San Jose, CA

Steve Ferguson
Science Instructor
Lee's Summit, MO

Robin Lee Harris Freedman
Science Instructor
Fort Bragg, CA

Edith H. Gladden
Former Science Instructor
Philadelphia, PA

Vernita Marie Graves
Science Instructor
Tenafly, NJ

Jack Grube
Science Instructor
San Jose, CA

Emiel Hamberlin
Science Instructor
Chicago, IL

Dwight Kertzman
Science Instructor
Tulsa, OK

Judy Kirschbaum
Science/Computer Instructor
Tenafly, NJ

Kenneth L. Krause
Science Instructor
Milwaukie, OR

Ernest W. Kuehl, Jr.
Science Instructor
Bayside, NY

Mary Grace Lopez
Science Instructor
Corpus Christi, TX

Warren Maggard
Science Instructor
PeWee Valley, KY

Della M. McCaughan
Science Instructor
Biloxi, MS

Stanley J. Mulak
Former Science Instructor
Jensen Beach, FL

Richard Myers
Science Instructor
Portland, OR

Carol Nathanson
Science Mentor
Riverside, CA

Sylvia Neivert
Former Science Instructor
San Diego, CA

Jarvis VNC Pahl
Science Instructor
Rialto, CA

Arlene Sackman
Science Instructor
Tulare, CA

Christine Schumacher
Science Instructor
Pikesville, MD

Suzanne Steinke
Science Instructor
Towson, MD

Len Svinth
Science Instructor/
Chairperson
Petaluma, CA

Elaine M. Tadros
Science Instructor
Palm Desert, CA

Joyce K. Walsh
Science Instructor
Midlothian, VA

Steve Weinberg
Science Instructor
West Hartford, CT

Charlene West, PhD
Director of Curriculum
Rialto, CA

John Westwater
Science Instructor
Medford, MA

Glenna Wilkoff
Science Instructor
Chesterfield, OH

Edee Norman Wiziecki
Science Instructor
Urbana, IL

Teacher Advisory Panel

Beverly Brown
Science Instructor
Livonia, MI

James Burg
Science Instructor
Cincinnati, OH

Karen M. Cannon
Science Instructor
San Diego, CA

John Eby
Science Instructor
Richmond, CA

Elsie M. Jones
Science Instructor
Marietta, GA

Michael Pierre McKereghan
Science Instructor
Denver, CO

Donald C. Pace, Sr.
Science Instructor
Reisterstown, MD

Carlos Francisco Sainz
Science Instructor
National City, CA

William Reed
Science Instructor
Indianapolis, IN

Multicultural Consultant

Steven J. Rakow
Associate Professor
University of Houston—
Clear Lake
Houston, TX

English as a Second Language (ESL) Consultants

Jaime Morales
Bilingual Coordinator
Huntington Park, CA

Pat Hollis Smith
Former ESL Instructor
Beaumont, TX

Reading Consultant

Larry Swinburne
Director
Swinburne Readability
Laboratory

CONTENTS

HEAT ENERGY

CONTENIDO

ENERGÍA CALORÍFICA

Activity Bank/Reference Section

Features

Pozo de actividades/Sección de referencia

Artículos

CONCEPT MAPPING

hroughout your study of science, you will learn a variety of terms, facts, figures, and concepts. Each new topic you encounter will provide its own collection of words and ideas—which, at times, you may think seem endless. But each of the ideas within a particular topic is related in some way to the others. No concept in science is isolated. Thus it will help you to understand the topic if you see the whole picture; that is, the interconnectedness of all the individual terms and ideas. This is a much more effective and satisfying way of learning than memorizing separate facts.

Actually, this should be a rather familiar process for you. Although you may not think about it in this way, you analyze many of the elements in your daily life by looking for relationships or connections. For example, when you look at a collection of flowers, you may divide them into groups: roses, carnations, and daisies. You may then associate colors with these flowers: red, pink, and white. The general topic is flowers. The subtopic is types of flowers. And the colors are specific terms that describe flowers. A topic makes more sense and is more easily understood if you understand how it is broken down into individual ideas and how these ideas are related to one another and to the entire topic.

It is often helpful to organize information visually so that you can see how it all fits together. One technique for describing related ideas is called a **concept map**. In a concept map, an idea is represented by a word or phrase enclosed in a box. There are several ideas in any concept map. A connection between two ideas is made with a line. A word or two that describes the connection is written on or near the line. The general topic is located at the top of the map. That topic is then broken down into subtopics, or more specific ideas, by branching lines. The most specific topics are located at the bottom of the map.

To construct a concept map, first identify the important ideas or key terms in the chapter or section. Do not try to include too much information. Use your judgment as to what is

really important. Write the general topic at the top of your map. Let's use an example to help illustrate this process. Suppose you decide that the key terms in a section you are reading are School, Living Things, Language Arts, Subtraction, Grammar, Mathematics, Experiments, Papers, Science, Addition, Novels. The general topic is School. Write and enclose this word in a box at the top of your map.

SCHOOL

Now choose the subtopics—Language Arts, Science, Mathematics. Figure out how they are related to the topic. Add these words to your map. Continue this procedure until you have included all the important ideas and terms. Then use lines to make the appropriate connections between ideas and terms. Don't forget to write a word or two on or near the connecting line to describe the nature of the connection.

Do not be concerned if you have to redraw your map (perhaps several times!) before you show all the important connections clearly. If, for example, you write papers for Science as well as for Language Arts, you may want to place these two subjects next to each other so that the lines do not overlap.

One more thing you should know about concept mapping: Concepts can be correctly mapped in many different ways. In fact, it is unlikely that any two people will draw identical concept maps for a complex topic. Thus there is no one correct concept map for any topic! Even

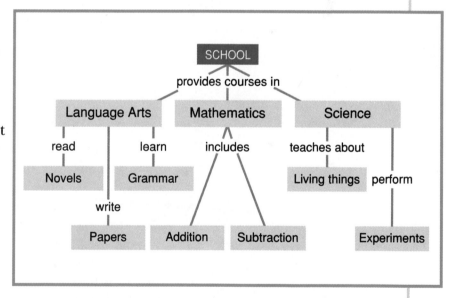

though your concept map may not match those of your classmates, it will be correct as long as it shows the most important concepts and the clear relationships among them. Your concept map will also be correct if it has meaning to you and if it helps you understand the material you are reading. A concept map should be so clear that if some of the terms are erased, the missing terms could easily be filled in by following the logic of the concept map.

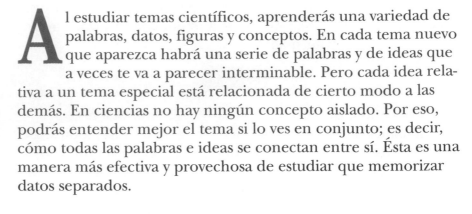

Al estudiar temas científicos, aprenderás una variedad de palabras, datos, figuras y conceptos. En cada tema nuevo que aparezca habrá una serie de palabras y de ideas que a veces te va a parecer interminable. Pero cada idea relativa a un tema especial está relacionada de cierto modo a las demás. En ciencias no hay ningún concepto aislado. Por eso, podrás entender mejor el tema si lo ves en conjunto; es decir, cómo todas las palabras e ideas se conectan entre sí. Ésta es una manera más efectiva y provechosa de estudiar que memorizar datos separados.

En realidad, este proceso debe serte familiar. Aunque no te des cuenta, analizas muchos de los elementos de la vida diaria, considerando sus relaciones o conexiones. Por ejemplo, al mirar un ramo de flores, lo puedes dividir en grupos: rosas, claveles y margaritas. Después, asocias colores con las flores: rojo, rosado y blanco. Las flores serían el tema general. El subtema, tipos de flores. Un tema tiene más sentido y se puede entender mejor si comprendes cómo se divide en ideas y cómo las ideas se relacionan entre sí y con el tema en su totalidad.

A veces es útil organizar la información visualmente para poder ver la correspondencia entre las cosas. Una de las técnicas usadas para organizar ideas relacionadas es el **mapa de conceptos**. En un mapa de conceptos, una palabra o frase recuadrada representa una idea. La conexión entre dos ideas se describe con una línea donde se escriben una o dos palabras que explican la conexión. El tema general aparece arriba de todo. El tema se divide en subtemas, o ideas más específicas, por medio de líneas. Los temas más específicos aparecen en la parte de abajo.

Para hacer un mapa de conceptos, considera primero las ideas o palabras claves más importantes de un capítulo o sección. No trates de incluir mucha información. Usa tu juicio para decidir qué es lo realmente importante. Escribe el tema general arriba

de tu mapa. Un ejemplo servirá para ilustrar el proceso. Decides que las palabras claves de una sección son Escuela, Seres vivos, Artes del lenguaje, Resta, Gramática, Matemáticas, Experimentos, Informes, Ciencia, Suma, Novelas. El tema general es Escuela. Escribe esta palabra en un recuadro arriba de todo.

ESCUELA

Ahora, elige los subtemas: Artes del lenguaje, Ciencia, Matemáticas. Piensa cómo se relacionan con el tema. Agrega estas palabras al mapa. Continúa así hasta que todas las ideas y las palabras importantes estén incluídas. Luego, usa líneas para marcar las conexiones apropiadas. No dejes de escribir en la línea de conexión una o dos palabras que expliquen la naturaleza de la conexión.

No te preocupes si debes rehacer tu mapa (tal vez muchas veces), antes de que se vean bien todas las conexiones importantes. Si, por ejemplo, escribes informes para Ciencia y para Artes del lenguaje, te puede convenir colocar estos dos temas uno al lado del otro para que las líneas no se superpongan.

Algo más que debes saber sobre los mapas de conceptos: pueden construirse de diversas maneras. Es decir, dos personas pueden hacer un mapa diferente de un mismo tema. ¡No existe un único mapa de conceptos! Aunque tu mapa no sea igual al de tus compañeros, va a estar bien si muestra claramente los conceptos más importantes y las relaciones que existen entre ellos. Tu mapa también estará bien si tú le encuentras sentido y te ayuda a entender lo que estás leyendo. Un mapa de conceptos

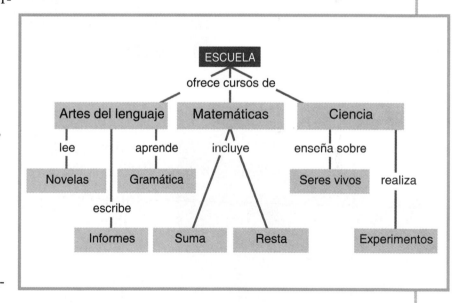

debe ser tan claro que, aunque se borraran algunas palabras se pudieran volver a escribir fácilmente, siguiendo la lógica del mapa.

HEAT ENERGY

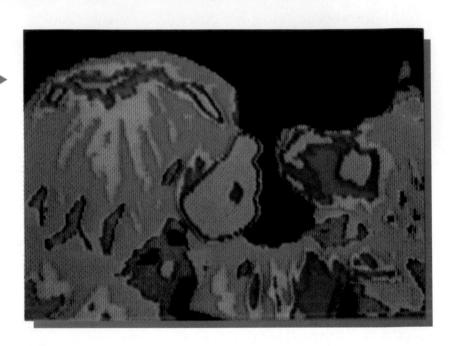

Fire is useful when it is properly controlled. However, it is also quite dangerous. An out-of-control forest fire can be extremely destructive.

The colorful picture above is not a cartoon or a computer graphic. It is a thermogram of a young girl and her pet dog. A thermogram (from *thermo-* meaning heat and *-gram* meaning something recorded) is an image formed by the invisible heat given off by an object. In this thermogram, the hottest areas are red and the coolest areas are blue. Doctors can use thermograms to determine whether parts of the body are functioning properly.

Thermograms illustrate only one way in which heat is important in our lives. Heat is also important because of its many uses. Thousands of years ago, early humans discovered fire and began using it to heat their cave dwellings and to cook their food. Today, central heating and cooling systems make our homes, schools, and office buildings comfortable places in which to live and work. Heat engines—from steam engines to modern

gasoline engines—help make our work easier. But heat can also damage the environment if we are not careful.

What exactly is heat? You will find the answer to that question in this textbook. You will also learn about the many applications of heat in your daily life.

▼ *As this painting of cowboys gathered around an open fire in the Old West illustrates, the ability to use fire for heating and cooking was one of the most important discoveries in human history.*

◄ *Burning coals glow reddish yellow. In the heart of the fire, the hottest coals glow white hot.*

Discovery *Activity*

In Hot Water

1. Fill three bowls with water. Put cold water in one bowl, warm water in the second bowl, and hot (but not too hot to touch) water in the third bowl.

2. Now place one hand in the cold water and one hand in the hot water.

3. After about a minute, place both hands in the warm water. Does the temperature of the warm water feel the same to both hands?

   ■ Is using your hands a good way to measure heat? Could a scientist measure heat in this way?

   ■ What does this experiment tell you about the relationship between heat and temperature?

ENERGÍA CALORÍFICA

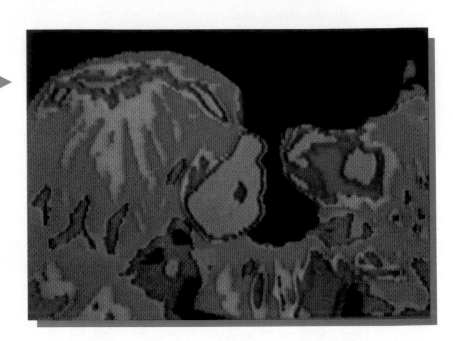

Esta colorida foto de una niña con su perro es una clase especial de imagen llamada termograma. Observa que la nariz del perro se ve azul. ¿Significa eso que la nariz del perro está fría o caliente?

▲ El fuego es útil cuando se controla. Sin embargo, puede ser muy peligroso. Un fuego descontrolado en un bosque puede ser extremadamente destructivo.

La colorida foto que se ve arriba no es un dibujo o una imagen gráfica de computadora. Es un termograma de una niña con su perro. Un termograma (de termo: calor, y grama: algo que se registra) es una imagen formada por el calor invisible que irradian los objetos. En este termograma, las áreas más calientes son rojas, y las más frías son azules. Los médicos usan los termogramas para determinar si las partes del cuerpo funcionan bien.

Los termogramas ilustran sólo una de las maneras en que el calor es importante en nuestra vida. El calor es importante también por sus muchos usos. Hace miles de años, la humanidad descubrió el fuego, y comenzó a usarlo para calentar sus guaridas y para cocinar. Hoy, los sistemas de calefacción y refrigeración centrales convierten nuestras casas, escuelas y oficinas en lugares confortables para vivir y trabajar. Las máquinas que funcionan con calor—desde las

CAPÍTULOS

1 ¿Qué es el calor?   **2** Usos del calor

máquinas a vapor hasta las modernas de gasolina—facilitan el trabajo. Pero el calor puede también dañar el medio ambiente si no somos cuidadosos.

¿Qué es el calor? En este texto encontrarás la respuesta. También aprenderás sobre los muchos usos del calor en la vida diaria.

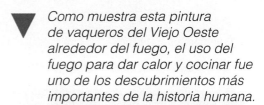
Como muestra esta pintura de vaqueros del Viejo Oeste alrededor del fuego, el uso del fuego para dar calor y cocinar fue uno de los descubrimientos más importantes de la historia humana.

Los carbones al rojo vivo se ven de color amarillo rojizo. En el centro del fuego, los carbones más calientes se ven casi blancos.

Para averiguar *Actividad*

En agua caliente

1. Llena tres boles con agua. Pon agua fría en un bol, agua tibia en otro y agua caliente en el tercero (aunque no demasiado caliente al tacto).

2. Pon ahora una mano en el agua fría y la otra en el agua caliente.

3. Después de un minuto, pon ambas manos en el agua tibia. ¿Sientes en cada mano la misma temperatura?

   ■ ¿Te parece bien usar las manos para medir el calor? ¿Podría un científico medir el calor de esta manera?

   ■ ¿Qué te dice este experimento sobre la relación entre calor y temperatura?

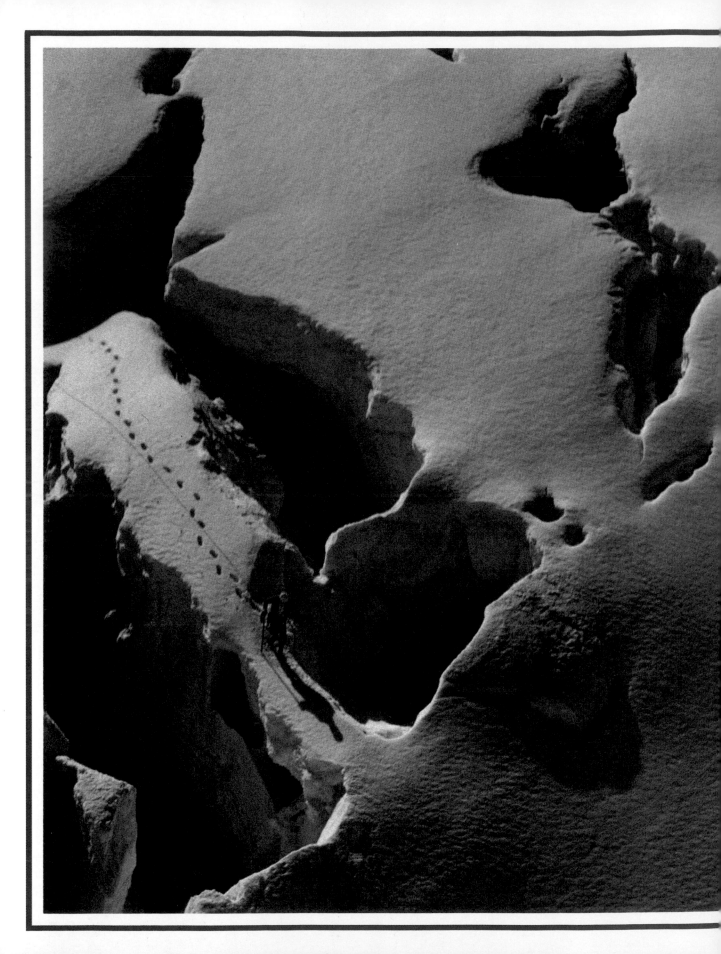

What Is Heat?

Guide for Reading

After you read the following sections, you will be able to

1–1 Heat: A Form of Energy

■ Describe how scientists discovered that heat is a form of energy.

1–2 Temperature and Heat

■ Define temperature in terms of the kinetic energy of molecules.

1–3 Measuring Heat

■ Describe how heat can be measured indirectly.

1–4 Heat and Phase Changes

■ Explain how a transfer of heat energy causes a phase change.

1–5 Thermal Expansion

■ Explain why thermal expansion occurs.

■ Describe some practical applications of thermal expansion.

Alone and lost in a snowy, barren wilderness, a man wanders in search of warmth and shelter. He is rapidly losing his body heat to the much colder surroundings. Although he is dressed in layers of thick clothing, he cannot hold enough heat to keep his body functioning. He is slowly freezing to death. If he could find some wood to burn, the fire would produce enough heat to warm him. But he is surrounded by snow and ice!

This exciting adventure story, called "To Build a Fire," was written by the American author Jack London. But it is more than just a thrilling tale of a man's struggle to survive in the wilderness. It is also a story about heat and the attempt to understand and control it. In this sense, it is a story about scientific knowledge.

An understanding of heat and the many roles it plays in the lives of real people is important to you, too. Who knows? Someday this knowledge may even save your life. As you read this chapter you will find out what heat is, how it is measured, and how it affects the world around you. As for the man in the snow, you will have to read the story to find out what happened to him!

Journal *Activity*

You and Your World Try to remember a situation when you were really cold or really hot. How did you feel? What did you do to make yourself warmer or cooler? Describe your feelings and actions in your journal. After reading this chapter, is there anything you would do differently?

◄ *Lost in a snowy wilderness*

¿Qué es el calor?

Guía para la lectura

Después de leer las secciones siguientes, vas a poder

1–1 El calor: una forma de energía

■ Describir cómo descubrieron los científicos que el calor es una forma de energía.

1–2 Temperatura y calor

■ Definir temperatura en cuanto a la energía cinética de las moléculas.

1–3 Medición del calor

■ Explicar cómo se puede medir el calor indirectamente.

1–4 El calor y los cambios de estado

■ Explicar cómo una transferencia de energía calórica causa un cambio de estado.

1–5 Expansión térmica

■ Explicar por qué ocurre la expansión térmica.

■ Describir algunas aplicaciones prácticas de la expansión térmica.

Solo, perdido en una zona nevada y desierta, un hombre busca un refugio cálido. Rápidamente pierde el calor corporal en el ambiente helado que lo rodea. A pesar de tener varias capas de ropa gruesa, no consigue conservar el calor necesario para que su cuerpo funcione bien. Se está muriendo, lentamente, de frío. Si encontrara madera podría hacer fuego para calentarse ¡Pero está rodeado de hielo y nieve!

Esta interesante historia, llamada *To Build a Fire* es del escritor norteamericano Jack London. Pero es más que una historia de suspenso sobre la lucha de un hombre para sobrevivir fuera de la civilización. Es también una historia sobre el calor y los intentos de comprenderlo y controlarlo. En este sentido, es una historia sobre el conocimiento científico.

También es importante que comprendas el calor y los muchos roles que juega en la vida de las personas. ¿Quién sabe? Un día este conocimiento puede, incluso, salvarte la vida. Al leer este capítulo aprenderás qué es el calor, cómo se mide, y cómo afecta el mundo que te rodea. En cuanto al hombre perdido en la nieve, ¡tendrás que leer su historia para saber qué le pasó!

Diario *Actividad*

Tú y tu mundo Trata de recordar una situación en la cual realmente tenías frío o calor. ¿Cómo te sentiste? ¿Qué hiciste para calentarte o refrescarte? Describe en tu diario cómo te sentiste y qué hiciste. Después de leer este capítulo; ¿hay algo que harías de manera diferente?

Perdido en la nieve

1–1 Heat: A Form of Energy

An open fire casts a warm glow on your face and the faces of your fellow campers as you toast marshmallows over the flames. Sitting near an open fire, you know that the fire gives off **heat.** You might be tempted to think that heat is some kind of substance flowing from the fire, through the air, and into your marshmallow. Actually, that is just what eighteenth-century scientists believed. They thought that heat was an invisible, weightless fluid capable of flowing from hotter objects to colder ones. They called this substance caloric.

In 1798, the American scientist Benjamin Thompson (who moved to England after the American Revolution and became known as Count Rumford) challenged the caloric theory. Rumford had noticed that when holes were drilled in cannon barrels, the barrels and the drills became hot. Heat was being produced. Rumford decided to find out how. He designed an experiment to test his observation. A cannon barrel to be drilled was first placed in a box filled with water. After several hours of drilling, the water began to boil. The water boiled as long as the drilling continued. Rumford concluded that it was

ACTIVITY

WRITING

Rumford and Joule

The investigations of Count Rumford and James Prescott Joule illustrate the importance of careful observation and experimentation. Using books and other reference materials in the library, find out more about these two scientists, their experiments, and their contributions to the understanding of heat. Write a report of your findings.

Figure 1–1 *At one time people believed that the heat from a fire was a substance called caloric. Heat is now known to be a form of energy related to the motion of molecules.*

1-1 El calor: una forma de energía

Un fuego al aire libre alumbra tu cara y la de tus compañeros de campamento mientras tuestas malvaviscos sobre las llamas. Sentado cerca del fuego, comprendes que el fuego da **calor.** Podrías hasta pensar que el calor es una especie de sustancia que sale del fuego, entrando a través del aire en tus malvaviscos. De hecho, eso es lo que pensaban los científicos del siglo dieciocho. Ellos creían que el calor era un fluido invisible y sin peso, capaz de pasar de los objetos calientes a los objetos fríos. A esta sustancia la llamaron calórica .

En 1798, el científico norteamericano Benjamín Thompson (quien después de la revolución norteamericana se mudó a Inglaterra, con el nombre de Count Rumford) desafió la teoría calórica. Rumford había observado que cuando se perforaban los cilindros de los cañones, tanto éstos como los taladros se calentaban. O sea, se producía calor. Rumford decidió descubrir cómo ocurría esto, ideando un experimento que probaba su observación. Puso el cilindro del cañón que debía agujerearse en un recipiente con agua. Después de perforar durante varias horas, el agua comenzó a hervir. El agua hirvió mientras duró la perforación del cañón.

Figura 1-1 *En otra época se pensaba que el calor proveniente del fuego era una sustancia que se llama calórica. Hoy se sabe que el calor es una forma de energía relacionada con el movimiento de las moléculas.*

ACTIVIDAD

PARA ESCRIBIR

Rumford y Joule

La investigación del conde Rumford y James Prescott Joule demuestra la importancia de una observación y experimentación cuidadosa. Consulta libros y otros materiales de referencia de la biblioteca, y averigua más sobre estos dos hombres de ciencia y sus experimentos, y sobre su contribución a la comprensión del calor. Escribe un informe con tus hallazgos.

the action of drilling, not a flow of caloric, that was producing heat. Since drilling represents work being done and energy is the ability to do work, energy and heat must be related. Rumford concluded that heat must be a form of energy.

Molecules in Motion

Forty years after Count Rumford's experiment, the British scientist James Prescott Joule investigated the relationship between heat and motion. He performed a series of experiments which supported the idea that objects in motion can produce heat. The amount of heat produced depends on the amount of motion. You have probably already noticed this effect in your everyday life. Rub your hands together rapidly. What happens? Your hands feel warmer. Similarly, sliding too quickly down a rope can produce a "rope burn." These examples demonstrate that motion produces heat. Can you think of any other examples?

Other scientists working at the same time as Joule knew that energy is needed to set an object in motion. They also knew that matter is made up of tiny particles called **molecules** (MAHL-ih-kyoolz), which are always in motion. Combining these facts with the results of the experiments of Rumford and Joule, scientists correctly concluded that heat is a form of energy and that it is somehow related to the motion of molecules. **In fact, heat is a form of energy caused by the internal motion of molecules of matter.**

Figure 1–2 *Heated molecules (right) move faster and are farther apart than cooler molecules (left).*

Activity Bank

May the Force (of Friction) Be With You, p.74

Rumford concluyó que era la acción de perforar lo que producía el calor. Como perforar significa que se realiza trabajo y la energía es la capacidad de trabajar, la energía y el calor debían estar relacionados. Rumford llegó a la conclusión de que el calor debía ser una forma de energía.

Moléculas en movimiento

Cuarenta años después del experimento del conde Rumford, el científico británico James Prescott Joule investigó la relación entre calor y movimiento. Hizo una serie de experimentos que confirmaban la idea de que los objetos en movimiento podían producir calor. La cantidad de calor producido depende de la cantidad de movimiento. Tal vez tú hayas notado ya este efecto en tu vida diaria. Frótate las manos rápidamente. . . ¿Qué pasa? Sientes calor en las manos. De manera similar, si desciendes rápidamente por una cuerda, te quemarás las manos. Estos ejemplos muestran que el movimiento produce calor. ¿Puedes pensar en otros ejemplos?

Otros científicos trabajando al mismo tiempo que Joule, sabían que se necesita energía para hacer que un objeto se mueva. Sabían también, que la materia se compone de pequeñas partículas llamadas **moléculas,** que están siempre en movimiento. Combinando estos hechos con los resultados de los experimentos de Rumford y Joule, los científicos concluyeron que el calor es una forma de energía que se relaciona de algún modo con el movimiento de las moléculas. **De hecho, el calor es una forma de energía causada por el movimiento interno de las moléculas de la materia.**

Pozo de actividades

Que la fuerza (de fricción) esté contigo, p. 74

Figura 1–2 *Al estar calientes (derecha) las moléculas se mueven más rápidamente y están más separadas que cuando están frías (izquierda).*

Figure 1–3 *Melting ice cream bars provide these children with a messy lesson: Heat is transferred from warmer objects to colder objects.*

Heat Transfer

Try holding an ice cube in your hand for a short time. What happens? After several seconds, you notice that your hand begins to feel cold and the ice cube begins to melt. You might think that the coldness of the ice cube is moving from the ice cube to your hand. But there is no such thing as "coldness." Cold is simply the absence of heat. So it must be heat that is moving. The ice cube in your hand is melting because heat is moving from your hand to the ice cube. If you have ever accidentally touched a hot pan, you have discovered for yourself (most likely in a painful way) that heat energy moves from a warmer object to a cooler object. The heat moves from the hot pan, through the handle, to your hand!

The movement of heat from a warmer object to a cooler one is called **heat transfer.** There are three methods of heat transfer. **Heat energy is transferred by conduction, convection, and radiation.** Let's see how each of these processes takes place.

CONDUCTION In the process of **conduction** (kuhn-DUHK-shuhn), heat is transferred through a substance, or from one substance to another, by the

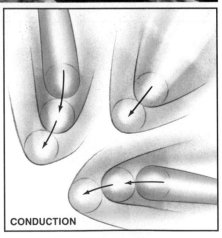

CONDUCTION

Figure 1–4 *Heat transfer by conduction involves the direct contact of molecules. As fast-moving molecules collide with slow-moving molecules, heat energy is transferred from the faster molecules to the slower molecules. Conduction by direct contact is one reason this lizard steps gingerly on a hot rock.*

Figura 1–3 *Los helados se derriten y los niños aprenden una lección pegajosa. El calor se transmite de los objetos más calientes a los más fríos.*

La transferencia del calor

Trata de sostener un cubo de hielo en tu mano por un momento. ¿Qué ocurre? Después de unos segundos sentirás que tu mano se enfría y el hielo comienza a derretirse. Tú puedes pensar que el frío del cubo de hielo está pasando a tu mano. Pero el frío no existe. El frío es sólo la ausencia de calor. Entonces debe ser el calor lo que se mueve. El cubo de hielo se derrite porque el calor está pasando de tu mano al hielo. Si alguna vez por accidente tocaste una olla caliente, ya aprendiste (probablemente con dolor) que la energía calórica pasa de un objeto más caliente a otro menos caliente. El calor pasa de la olla caliente, a través de la manija, ¡a tu mano!

El movimiento de calor de un objeto más caliente a uno más frío se llama **transferencia de calor.** Hay tres métodos para transferir el calor. **La energía calórica se transfiere por conducción, convección y radiación.** Veamos cómo tienen lugar cada uno de estos procesos.

CONDUCCIÓN En el proceso de **conducción,** el calor se transfiere a través de una sustancia, o de una sustancia a otra, por medio del contacto directo de las

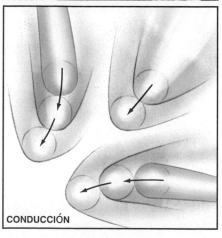

CONDUCCIÓN

Figura 1–4 *La transferencia de calor por conducción implica el contacto directo de las moléculas. Al chocar las moléculas rápidas con las lentas, se transfiere energía calórica de las moléculas más veloces a las más lentas. Debido a la conducción por contacto directo, este lagarto camina cautelosamente sobre la roca caliente.*

Figure 1–5 *Why do several layers of clothing keep these children better insulated from the cold than a single layer of clothing?*

direct contact of molecules. All molecules are constantly in motion. Fast-moving molecules have more heat energy than slow-moving molecules.

When fast-moving molecules collide with slow-moving molecules, heat energy is transferred from the faster molecules to the slower molecules, causing the slower molecules to move faster. Now these molecules have enough energy to collide with other slow-moving molecules. This process is repeated over and over. In this way, heat energy is transferred from molecule to molecule throughout a substance. Because all matter is made of molecules, conduction can take place in solids, liquids, and gases. But conduction takes place best in solids, because the molecules of a solid are in direct contact with one another.

Some substances conduct heat better and more rapidly than other substances. These substances are good **conductors** of heat. Metals, such as iron and aluminum, are good heat conductors. Silver is one of the best conductors of heat. Copper is another good conductor of heat. Why do you think the bottoms of pots and pans are often made of copper?

Substances that do not conduct heat easily are called **insulators.** Glass, wood, plastic, and rubber are examples of good insulators. Why should the handles of pots and pans be made of wood or plastic instead of iron or aluminum?

Figura 1–5 *¿Por qué varias capas de ropa aislan a estos niños del frío, mejor que una sola capa de ropa?*

moléculas. Las moléculas están siempre en movimiento. La moléculas que se mueven rápidamente tienen más energía calórica que las que se mueven lentamente.

Cuando las moléculas que se mueven rápidamente chocan con las que se mueven lentamente, la energía calórica se transfiere de las más veloces a las más lentas, haciendo que las más lentas se muevan con mayor rapidez. Ahora estas moléculas tienen bastante energía como para chocar con otras moléculas lentas. El proceso se repite una y otra vez. Así, la energía calórica se transfiere de molécula a molécula a través de una sustancia. Como toda la materia está formada por moléculas, la conducción puede producirse en sólidos, líquidos y gases. Pero la conducción se da mejor entre los sólidos, porque las moléculas de los sólidos tienen entre sí contacto directo.

Algunas sustancias conducen el calor mejor y con más rapidez que otras. Estas sustancias son buenas **conductoras** del calor. Los metales, como el hierro y el aluminio, son buenos conductores del calor. La plata es uno de los mejores conductores del calor. El cobre es otro buen conductor del calor. ¿Por qué crees que a menudo los fondos de ollas y sartenes están hechos de cobre?

Las sustancias que no conducen el calor fácilmente se llaman **aislantes** o aisladores. El vidrio, la madera, los plásticos y la goma, son ejemplos de buenos aisladores. ¿Por qué crees que las asas de las ollas y sartenes se hacen de madera o plástico en vez de hierro o aluminio?

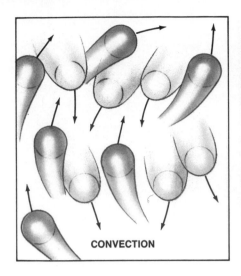

CONVECTION

Figure 1–6 *Heat transfer by convection involves the motion of molecules in currents in liquids and gases. Heated molecules speed up and spread out, causing the warmer part of the liquid or gas to become less dense than the cooler part. The heated portion rises, creating currents that carry heat. How do hot-air balloons make use of convection to float high above Earth's surface?*

Air is also a good insulator. That is why the best way to stay warm in extremely cold weather is to wear several layers of clothing. Layers of clothing will trap air close to your body and prevent the loss of body heat.

CONVECTION Heat transfer by **convection** (kuhn-VEHK-shuhn) takes place in liquids and gases. Heat energy is transferred through liquids and gases by means of up-and-down movements called convection currents. When a liquid or gas is heated, the molecules begin to move faster. (They have more energy as a result of being heated.) As the molecules move faster, they move farther apart. This means that the heated liquid or gas is now less dense than the surrounding liquid or gas. The less-dense liquid or gas rises, carrying heat with it.

Warm air near the surface of the Earth is heated by the Earth and becomes less dense than the cooler air above it. The warm air tends to rise. Hang gliders and soaring birds rely on updrafts of warm air to help keep them aloft. Because cooler air is denser

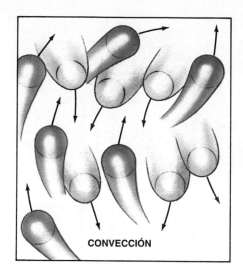

CONVECCIÓN

Figura 1–6 *La transferencia de calor por convección implica el movimiento en corrientes de las moléculas en líquidos y en gases. Las moléculas calentadas se aceleran y separan, haciendo que la parte caliente del líquido o gas se vuelva menos densa que la parte fría. La parte caliente sube, creando corrientes que transportan calor. ¿Cómo usan la convección los globos de aire caliente para elevarse sobre la Tierra?*

ACTIVIDAD

PARA AVERIGUAR

Usando las corrientes de convección

Imagina que tú quieres ventilar un cuarto cerrado. ¿Deberías abrir la ventana de arriba o la de abajo si afuera hace más calor que adentro? ¿Y si afuera hace menos calor que adentro? Dibuja un diagrama para explicar tus respuestas.

■ Después de obtener el permiso de un adulto, comprueba si tus explicaciones son correctas.

El aire es también un buen aislante. Por eso, la mejor manera de mantenerse caliente con tiempo extremadamente frío es usar varias capas de ropa. Las capas de ropa mantienen el aire cerca de tu cuerpo y evitan la pérdida del calor del cuerpo.

CONVECCIÓN La transferencia de calor por **convección** ocurre en los líquidos y gases. La energía calórica se transfiere a través de los líquidos y gases por medio de movimientos hacia arriba y hacia abajo llamados corrientes de convección. Cuando se calienta un líquido o gas, las moléculas comienzan a moverse más rápido. (Tienen más energía por estar calientes.) Al moverse más rápido, las moléculas se separan. Esto significa que el líquido o gas caliente es ahora menos denso que el líquido o gas circundante. El líquido o gas menos denso se eleva, llevándose el calor.

La Tierra calienta el aire cercano a su superficie, volviéndolo menos denso que el aire más frío que hay encima. El aire caliente tiende a subir. Los planeadores y los pájaros se mantienen en el aire gracias a las corrientes de aire caliente. Debido a que el aire fresco

than warmer air, it tends to sink, just as a dense rock sinks in water. As warm air rises and cool air sinks, convection currents are formed. These currents transfer heat throughout the Earth's atmosphere and contribute to the Earth's weather. Convection currents are also formed in the Earth's oceans as warm water rises to the surface and cold water sinks to the bottom.

RADIATION Heat energy is transferred through empty space by **radiation** (ray-dee-AY-shuhn). Heat from the sun reaches the Earth by means of radiation. The heat energy is in the form of invisible light called infrared radiation. Other familiar forms of heat transfer by radiation include the heat you can feel around an open fire or a candle flame, the heat near a hot stove, and the heat given off by an electric heater. Now can you explain why you can toast marshmallows over a fire even if the flames do not touch the marshmallows?

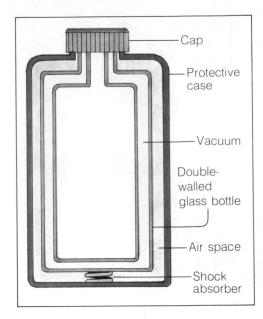

Figure 1–7 *A thermos bottle keeps liquids hot or cold by preventing heat transfer by conduction, convection, or radiation. The glass bottle reduces conduction. The air space between the bottles, which is a partial vacuum, prevents heat transfer by convection because there are so few air molecules to carry the heat. A silvered coating on the surface of the bottle prevents heat transfer by radiation. Why is the cap usually made of plastic?*

Figure 1–8 *Radiation is the transfer of heat energy in the form of invisible infrared rays. How is radiation from the sun related to the heating of the Earth?*

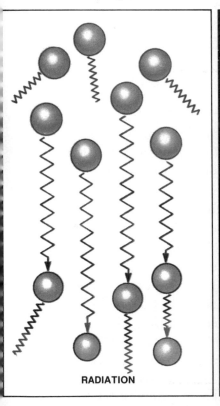

RADIATION

Heat Loss

Make a list of places in your home or school where heat may be escaping to the outside. Determine whether the heat loss is due to conduction, convection, or radiation.

■ How can the heat loss from the building be reduced?

es más denso, tiende a hundirse, como se hunde una roca densa en el agua. Al subir el aire caliente y bajar el aire frío, se forman las corrientes de convección. Estas corrientes transfieren calor a través de la atmósfera de la Tierra y contribuyen al clima. Las corrientes de convección se forman también en los océanos, al elevarse el agua caliente y hundirse el agua fría.

RADIACIÓN La energía calórica se transfiere a través del espacio vacío por medio de la **radiación.** El calor del sol llega a la tierra por la radiación. La energía calórica tiene la forma de luz invisible llamada radiación infrarroja. Otras formas familiares de transferencia del calor por radiación incluyen el calor que puedes sentir alrededor de un fuego o de la llama de una vela, el calor cerca de una cocina caliente, y el calor de un radiador eléctrico. Ahora, ¿puedes explicar por qué puedes tostar los malvaviscos sobre el fuego, aun cuando las llamas no los toquen?

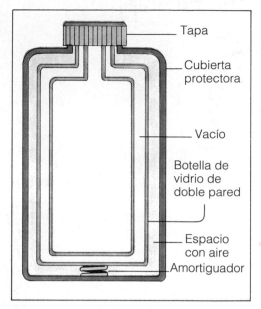

Figura 1–7 *Una termo conserva los líquidos calientes o fríos al evitar la transferencia del calor por conducción, convección o radiación. El vidrio reduce la conducción. El aire entre las botellas, que es un vacío parcial, evita la transferencia de calor por convección porque hay pocas moléculas de aire que puedan transmitir calor. Un baño plateado en la superficie interior del termo evita la transferencia por radiación. ¿Por qué la tapa se hace de plástico?*

Figura 1–8 *La radiación es la transferencia de energía calórica en forma de rayos infrarrojos invisibles. ¿Cómo se relaciona la radiación del sol con el calentamiento de la Tierra?*

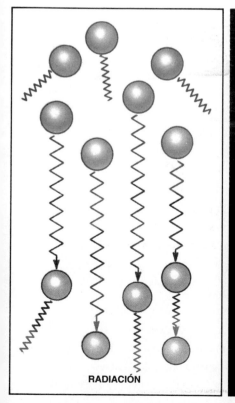

RADIACIÓN

PROBLEM ?·?·? Solving

Too Hot to Fly

One day in July, passenger jets at the airport in Phoenix, Arizona, were grounded. The problem? The air temperature—a sizzling 50°C—was just too hot for the planes to get off the ground! The planes had to wait several hours until the temperature dropped a few degrees before they could take off.

Applying Concepts

Why do you think the planes were unable to take off in the hot air? (*Hint:* When a plane is moving fast enough to take off, air moving past the plane's wings normally provides enough "lift" for the plane to get off the ground. But what happens to air when it is heated?)

1–1 Section Review

1. What is heat? How did the experiments of Rumford and Joule help contribute to an understanding of the nature of heat?
2. What are the three methods of heat transfer? How does each method work?
3. What are molecules? What factors caused scientists to make a connection between heat and the motion of molecules?

Connection—*You and Your World*

4. Identify the method of heat transfer illustrated by each of the following: an egg cooking in a frying pan; a warm air mass bringing a change in weather; the wire of an electric appliance becoming hot; heat from a fireplace warming a room.

PROBLEMA ??? a resolver

Mucho calor para volar

En un día de julio los aviones a chorro del aeropuerto de Phoenix, Arizona, no podían levantar vuelo. ¿El problema? La temperatura—50°C. ¡Mucho calor para que los aviones despegaran! Los aviones tuvieron que esperar varias horas para que la temperatura bajara unos grados y pudieran levantar vuelo.

Aplicación de conceptos

¿Por qué crees que los aviones no podían despegar en el calor? (*Pista:* Cuando un avión se mueve con suficiente rapidez para despegar, el aire que pasa por las alas provee normalmente suficiente impulso de elevación que permite al avión despegar. ¿Pero qué le pasa al aire caliente?)

1–1 Repaso de la sección

1. ¿Qué es el calor? ¿Cómo contribuyeron los experimentos de Rumford y Joule a la comprensión de la naturaleza del calor?
2. ¿Cuáles son los tres métodos de la transferencia del calor? ¿Cómo funciona cada uno?
3. ¿Qué son las moléculas? ¿Qué factores llevaron a los científicos a relacionar el calor con el movimiento de las moléculas?

Conexiones—*Tú y tu mundo*
4. Identifica los métodos de transferencia del calor en cada uno de los siguientes casos: un huevo que se frió; una masa de aire caliente que cambia el clima; el cable de un aparato eléctrico que se calienta; el calor del fuego de un hogar que calienta un cuarto.

1-2 Temperature and Heat

If a weather forecaster predicts temperatures between 30°C and 35°C, you know you can expect a hot day. Many people—perhaps even you—think that temperature and heat are the same thing. But they are not. Temperature and heat are related, but they are not the same. In order to understand the difference between temperature and heat, you will need to look more closely at how energy and the motion of molecules are related.

Kinetic Energy

Count Rumford observed that heat was produced when a hole was drilled in a cannon barrel. James Prescott Joule observed that objects in motion produce heat. In both cases, work is being done. What do you think of when you hear the word work? You may think of doing chores, such as washing dishes or raking leaves. Or perhaps going to work in an office comes to mind. But when scientists speak of work, they are referring to a force (a push or a pull) acting on an object and causing it to move. A moving hammer can do work by hitting a nail and driving it into a piece of wood. Moving objects can do work because they have energy. Energy of motion is called **kinetic** (kih-NEHT-ihk) **energy.** The faster an object moves, the more kinetic energy it has. So a fast-moving hammer can do more work than a slow-moving one. You can test this by hammering a nail

Figure 1–9 *Heat within the Earth increases the kinetic energy of water molecules so that they escape from the Earth as an eruption of hot water and steam. How does Old Faithful geyser in Yellowstone National Park, Wyoming, illustrate the relationship between heat and temperature?*

Figure 1–10 *Kinetic energy is defined as the energy of motion. How does the kinetic energy of the gazelles change when they are running from a predator that wants to eat them?*

1–2 Temperatura y calor

Si el pronóstico del tiempo nos anuncia una temperatura de entre 30 y 35°C, sabes que puedes esperar un día caluroso. Muchas personas—y tal vez tú también—creen que la temperatura y el calor son la misma cosa. Pero no lo son. Están relacionados pero no son lo mismo. Para comprender la diferencia entre temperatura y calor, tendrás que mirar más detenidamente la relación entre la energía y el movimiento de las moléculas.

Energía cinética

El conde Rumford observó que se producía calor al agujerear el cilindro de un cañón. James Prescott Joule observó que los objetos en movimiento producían calor. En ambos casos, se realiza trabajo. ¿En qué piensas cuando oyes la palabra trabajo? Tal vez pienses en tareas como lavar platos o juntar hojas. O tal vez en ir a trabajar a una oficina. Pero cuando los científicos hablan de trabajo se refieren a una fuerza (un empujón o un tirón) que actúa sobre un objeto y lo hace mover. Un martillo en movimiento realiza un trabajo al golpear un clavo y hundirlo en la madera. Los objetos en movimiento realizan un trabajo porque tienen energía. La energía del movimiento se llama **energía cinética.** Cuanto más rápido se mueve un objeto, más energía cinética tiene. Por eso un martillo que se mueve rápidamente realiza más trabajo que uno que se mueve lentamente. Puedes comprobar esto martillando un

Guía para la lectura

Piensa en esta pregunta mientras lees.

▶ *¿Cuál es la diferencia entre temperatura y calor?*

Figura 1–9 *El calor interno de la tierra aumenta la energía cinética de las moléculas del agua, y éstas salen de la tierra como erupción de agua caliente y vapor. ¿Cómo ilustra la relación entre calor y temperatura el géiser Old Faithful del Yellowstone National Park, en Wyoming?*

Figura 1–10 *La energía cinética se define como la energía del movimiento. ¿Cómo cambia la energía cinética de las gacelas cuando huyen de un depredador que quiere devorarlas?*

ACTIVITY

DISCOVERING

Exploring Molecular Motion

1. Fill a beaker about two thirds full with water at or near room temperature.

2. Fill a second beaker about two thirds full with cold water. (You can use ice cubes to cool the water, but be sure to remove the ice before adding the cold water to the beaker.)

3. Using a medicine dropper, place one drop of dark food coloring on the surface of the water in each beaker. Do not stir. What changes do you see in each beaker? How quickly do the changes occur in each beaker?

■ How are your observations related to the effect of heat on the motion of molecules?

into a piece of wood. The faster you swing the hammer, the farther the nail is driven into the wood.

Like all moving objects, molecules have kinetic energy because of their motion. **Temperature is a measure of the average kinetic energy of molecules.** Adding heat to a substance increases the average kinetic energy of the molecules and causes a rise in temperature. Thus **temperature** is a measure of how hot or how cold something is. The higher the temperature of a substance, the faster the molecules in that substance are moving, on the average. Likewise, a lower temperature indicates that the molecules are moving more slowly. In which pot of water would most of the water molecules be moving faster—a pot at 90°C or one at 70°C?

Unlike temperature, heat depends on the mass of the substance present. For instance, 10 grams of water at 90°C have more heat energy than 5 grams of water at the same temperature. This means that if you were to spill hot water on your hand by accident, 10 grams of water at 90°C would produce a more severe burn than 5 grams of water at 90°C!

Measuring Temperature

You would not want to put your hand into a pot of boiling water to find out how hot the water is! And you might not always agree with someone else on how hot or how cold something is. So you need a safe and accurate way of measuring temperature. A **thermometer** is an instrument for measuring temperature. Most common thermometers consist of a thin tube filled with a liquid, usually alcohol or mercury. Remember that as a liquid is heated, its molecules move faster and farther apart. So as the liquid in a thermometer gets warmer, it expands and rises in the tube. The opposite happens as the liquid gets cooler. The molecules move slower and closer together. The liquid contracts and drops in the tube.

Along the tube of a thermometer is a set of numbers, called a scale, that allows you to read the temperature. The **Celsius scale** is used to measure

Figure 1–11 *At a temperature of −198.5°C, nitrogen gas becomes a liquid. A banana dipped in liquid nitrogen becomes so frozen it can be used to hammer a nail into a block of wood.*

Explorar el movimiento molecular

1. Llena dos tercios de una cubeta con agua a temperatura ambiente.

2. Llena dos tercios de una segunda cubeta con agua fría. (Puedes usar hielo para enfriar el agua, pero retíralo antes de verter el agua fría en la cubeta.)

3. Usando un gotero medicinal, coloca una gota de colorante oscuro de comida en la superficie del agua de cada jarra. No revuelvas. ¿Qué cambios ves en cada cubeta? ¿Con qué rapidez ocurren los cambios en cada cubeta?

■ ¿Cómo se relacionan tus observaciones con el efecto que tiene el calor en el movimiento de las moléculas?

clavo en la madera. Cuanto más rápido golpees con el martillo, más entra el clavo en la madera.

Como todos los objetos que se mueven, las moléculas tienen energía cinética debido a su movimiento. **La temperatura es la medida de la energía cinética media de las moléculas.** Al agregarle calor a una sustancia se aumenta la energía cinética media de sus moléculas y esto causa un alza de la temperatura. Así la **temperatura** mide el grado de calor o frío de un objeto. Cuanto más alta sea la temperatura de una sustancia, más rápido se mueven sus moléculas, en promedio. Del mismo modo, una temperatura más baja indica que las moléculas se mueven más lentamente. ¿En qué olla con agua se moverán más rápido la mayoría de las moléculas, en una a 90°C o en una a 70°C?

Contrariamente a lo que ocurre con la temperatura, el calor depende de la masa de la sustancia. Por ejemplo, 10 gramos de agua a 90°C tienen más energía calórica que 5 gramos a la misma temperatura. Esto significa que si accidentalmente viertes agua caliente en tu mano, 10 gramos producirán una quemadura peor que 5 gramos a 90°C.

Medición de la temperatura

¡No pondrías la mano en un recipiente de agua hirviendo para averiguar qué tan caliente está ! Y no siempre vas a estar de acuerdo con los demás sobre cuán frío o caliente está algo. Por eso necesitas una manera segura y exacta de medir la temperatura. Un **termómetro** es un instrumento para medir la temperatura. Los termómetros más comunes son un tubo fino lleno de un líquido, generalmente alcohol o mercurio. Recuerda que cuando un líquido se calienta sus moléculas se mueven con más rapidez y se separan. Así, a medida que el líquido de un termómetro se calienta, se expande y sube en el tubo. Sucede lo contrario al enfriarse el líquido. Las moléculas se mueven más despacio y se juntan entre sí. El líquido se contrae y cae en el tubo.

A lo largo del tubo de un termómetro hay una serie de números que constituyen una escala, que te permite leer la temperatura. La **escala de Celsius** se usa para medir la

Figura 1–11 *A una temperatura de − 198.5°C, el gas nitrógeno se vuelve líquido. Un plátano mojado en nitrógeno líquido se congela tanto que puede usarse para clavar un clavo en la madera.*

Figure 1–12 *A comparison of the Celsius and Kelvin temperature scales is shown here. Notice that absolute zero is –273°C. Uranus, located farther from the sun than Earth, has temperatures near absolute zero.*

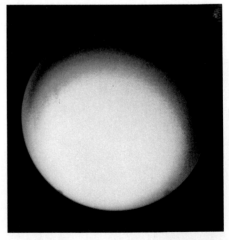

temperature in the metric system. The unit of temperature on the Celsius scale is the degree Celsius (°C). Water freezes at 0°C and boils at 100°C.

Another metric temperature scale often used by scientists is the **Kelvin scale.** On this scale, temperature is measured in units called kelvins (K). You can convert Celsius degrees to kelvins simply by adding 273 to the Celsius temperature. For example, if a thermometer reads 10°C, the same temperature on the Kelvin scale would be 273 + 10 = 283 K. A temperature of –5°C equals 268 K [273 + (–5)]. At what temperature does water freeze on the Kelvin scale? At what Kelvin temperature does water boil?

The main reason the Kelvin scale is useful to scientists is that the lowest reading on this scale, 0 K, is the lowest temperature that can be reached. This temperature is often called **absolute zero.** Scientists have now been able to reach a temperature only one millionth of a degree Celsius above absolute zero.

You may not have guessed that there is a lowest possible temperature. Recall that temperature is a measure of the energy of motion of molecules. What do you think happens at absolute zero?

1–2 Section Review

1. What is temperature? What is the difference between temperature and heat?
2. How does a thermometer measure temperature?
3. What is the most common metric scale used to measure temperature? What temperature scale is most often used by scientists?
4. How would you convert a temperature in kelvins to degrees Celsius?

Critical Thinking—*Relating Concepts*
5. Do you think a temperature of absolute zero can ever be reached? Why or why not?

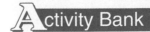

Activity Bank

One Hundred Degrees of Separation, p.75

Figura 1–12 *Mostramos aquí una comparación de las escalas de temperatura de Celsius y Kelvin. El cero absoluto es −273°C. Urano, situado más lejos del sol que la Tierra, tiene temperaturas cercanas al cero absoluto.*

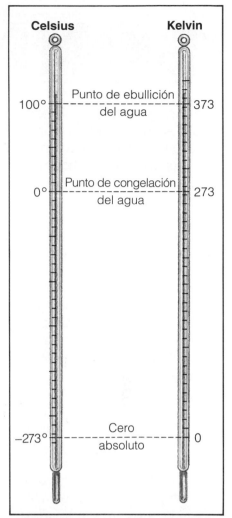

temperatura en el sistema métrico. La unidad de temperatura en la escala de Celsius es el grado Celsius (°C). El agua se congela a 0°C y hierve a 100°C.

Otra escala métrica de temperatura usada a menudo por los científicos es la **escala de Kelvin.** En esta escala, la temperatura se mide en unidades llamadas kelvins (K). Puedes convertir grados Celsius a kelvins agregando 273 a la temperatura Celsius. Por ejemplo, si un termómetro marca 10°C, la misma temperatura en la escala de Kelvin sería 10 + 273 = 283 K [273 + (−5)]. Una temperatura de 5°C es igual a 268 K. ¿A qué temperatura se congela el agua en la escala de Kelvin? ¿A que temperatura Kelvin hierve el agua?

La razón principal por la cual la escala de Kelvin es útil para los científicos es que su punto más bajo, el 0 K, que es la temperatura más baja que se puede alcanzar. Esta temperatura se llama a menudo **cero absoluto**. Los científicos han logrado una temperatura sólo un millonésimo de grado Celsius por encima del cero absoluto.

Tal vez hayas sospechado que existe una temperatura más baja. Pero recuerda que la temperatura es una medida de la energía del movimiento de las moléculas. ¿Qué crees que pasa en el cero absoluto?

1–2 Repaso de la sección

1. ¿Qué es la temperatura? ¿Qué diferencia hay entre temperatura y calor?
2. ¿Cómo mide un termómetro la temperatura?
3. ¿Cuál es la escala métrica más común para medir la temperatura? ¿Qué escala de temperatura usan los científicos con más frecuencia?
4. ¿Cómo convertirías una temperatura en kelvins a grados Celsius?

Pensamiento crítico—*Relacionar los conceptos*
5. ¿Crees que puede alcanzarse una temperatura de cero absoluto? ¿Por qué si o por qué no?

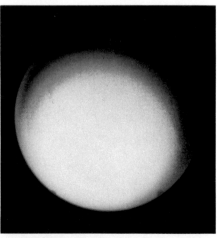

Pozo de actividades

Cien grados de separación, p. 75

CONNECTIONS

Suspended Animation

A concept once found only in science fiction has moved into the operating rooms of modern hospitals. In science fiction movies, astronauts embarking on a long space voyage are put into a state of "suspended animation" from which they can be revived when they reach their destination. Actually, this physical state is called hypothermic arrest (from the prefix *hypo-,* meaning lower than normal, and *-therm,* meaning heat). In hypothermic arrest, the heart stops beating and blood circulation comes to a halt. Hypothermic arrest is deadly under normal circumstances.

Today, hypothermic arrest is used in *medicine.* Doctors can cool the body of a patient to a state of near death in order to perform brain surgery without a flow of blood! A person can survive hypothermic arrest because the brain can survive longer without oxygen at low temperatures.

In 1990, surgeons at Columbia Presbyterian Medical Center in New York City used the procedure to correct an aneurysm (AN-yoo-rihz-uhm) in the brain of a 24-year-old man. In an aneurysm, the wall of a blood vessel puffs out like a little balloon. The ballooning blood vessel presses on the brain, causing paralysis and eventual death.

In the case of the patient at Columbia, the aneurysm was buried deep in the brain. A team of surgeons lowered the patient's temperature until his heart stopped. Then they drained his blood and repaired the aneurysm. Once the surgery was completed, blood was again allowed to flow through the patient's body, his temperature rose, and his heart began to beat. A week later, he left the hospital! A normally deadly process had saved his life.

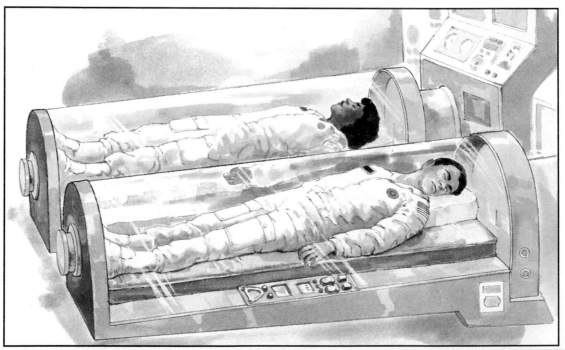

CONEXIONES

Animación suspendida

Un concepto que existía sólo en la ciencia ficción puede hallarse ahora en las salas de operación de los hospitales modernos. En películas de ciencia ficción se pone a los astronautas que se preparan para largos viajes espaciales en estado de "animación suspendida," de la cual se los saca al llegar a destino. En realidad a este estado físico se le llama "arresto hipotérmico" (de *hipo*, que significa más bajo que lo normal, y *termo*, calor). En el estado de arresto hipotérmico, el corazón deja de latir y se detiene la circulación. En circunstancias normales el arresto hipotérmico es mortal.

Pero el arresto hipotérmico se usa hoy en *medicina*. ¡Los médicos pueden enfriar el cuerpo de un paciente hasta un estado casi mortal para realizar operaciones del cerebro sin flujo de sangre! Una persona puede sobrevivir el arresto hipotérmico porque el cerebro puede sobrevivir más tiempo sin oxígeno si la temperatura es baja.

En 1990, los cirujanos del Columbia Presbyterian Medical Center de la ciudad de New York, usaron este procedimiento para corregir un aneurisma en el cerebro de un hombre de 24 años. Un aneurisma, se produce cuando la pared de un vaso sanguíneo se infla como un globo. El globo causa presión en el cerebro, causando una parálisis y eventualmente la muerte.

En el caso del paciente de Columbia, el aneurisma estaba en el centro del cerebro. Un equipo de cirujanos redujo la temperatura del paciente hasta que su corazón dejó de latir. Después, le sacaron la sangre y repararon el aneurisma. Cuando se terminó la operación, se permitió que la sangre circulara nuevamente por el cuerpo del paciente, subiera su temperatura y el corazón comenzara a latir. ¡Una semana más tarde salió del hospital! Un procedimiento que en otras condiciones sería mortal había salvado su vida.

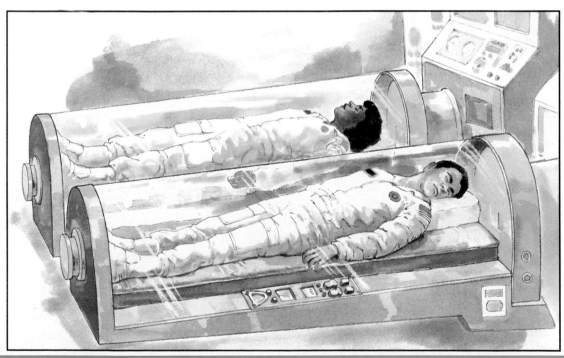

1-3 Measuring Heat

You know that when you cook soup or boil water, heat energy must be added to the liquid in order to raise its temperature. Heat energy is needed to set molecules in motion. Temperature is a measure of this molecular motion.

Heat cannot be measured directly. But changes in temperature—which can be measured directly—provide a way to measure heat indirectly. **An increase in temperature indicates that heat is being added. A decrease in temperature indicates that heat is being removed.**

Heat is measured in units called **calories.** One calorie (cal) is defined as the amount of heat needed to raise the temperature of 1 gram of water 1 degree Celsius. For example, to raise the temperature of 1 gram of water from 4°C to 5°C or from 20°C to 21°C, 1 calorie of heat is needed. Another unit that can be used to measure heat is the joule (J), named after James Prescott Joule. One calorie is equal to 4.19 joules (1 cal = 4.19 J).

Notice that the amount of heat needed for a given temperature change depends on the mass of the water being heated. For example, 10 calories of heat

Guide for Reading

Focus on this question as you read.

▶ *How can changes in temperature be used to measure heat indirectly?*

Figure 1–13 *Although heat cannot be measured directly, a change in temperature provides an indirect measurement of heat. Higher temperatures indicate more heat whereas lower temperatures indicate an absence of heat.*

1-3 Medición del calor

Tú sabes que cuando cocinas una sopa o calientas agua, se agrega energía calórica al líquido para elevar su temperatura. Se necesita la energía calórica para que las moléculas comiencen a moverse. La temperatura es una medida de este movimiento de las moléculas.

El calor no puede medirse directamente. Pero los cambios de temperatura—que pueden medirse directamente—presentan una manera de medir indirectamente el calor. **Un aumento de la temperatura indica que se agrega calor, una disminución de la temperatura indica que se quita calor.**

El calor se mide en unidades llamadas **calorías.** Una caloría (cal) se define como la cantidad de calor necesaria para elevar en un grado Celsius la temperatura de un gramo de agua. Por ejemplo, para elevar la temperatura de un gramo de agua de 4°C a 5°C o de 20°C a 21°C se necesita una caloría de calor. Otra unidad que puede usarse para medir el calor es el julio (J), así llamada por James Prescott Joule. Una caloría es igual a 4.19 julios (1 cal = 4.19 J).

Observa que la cantidad de calor necesaria para un cambio dado de temperatura depende de la masa del agua que se calienta. Por ejemplo, 10 calorías

Guía para la lectura

Piensa en esta pregunta mientras lees.

▶ *¿Cómo pueden usarse los cambios de temperatura para medir indirectamente el calor?*

Figura 1–13 *A pesar de que el calor no puede medirse directamente, un cambio de temperatura proporciona una medida indirecta del calor. Las temperaturas más altas indican mayor calor, mientras que las más bajas indican ausencia de calor.*

TABLE OF SPECIFIC HEATS

Substance	Specific Heat (cal/g·°C)
Air	0.25
Aluminum	0.22
Copper	0.09
Glass	0.20
Ice (–20°C to 0°C)	0.50
Iron	0.11
Mercury	0.03
Ocean water	0.93
Water	1.00
Wood	0.42

Figure 1–14 *According to this table of specific heats, which heats up more quickly: aluminum or mercury?*

will raise the temperature of 1 gram of water 10°C. If you had 10 grams of water instead of 1 gram, the same 10 calories would raise the temperature of the water only 1°C. How many calories would be needed to raise the temperature of 10 grams of water 10°C?

Specific Heat Capacity

Mass is not the only factor that determines temperature change. The same amount of heat will produce a different temperature change in different substances even if their masses are the same. That is because some substances absorb heat energy more readily than other substances.

The ability of a substance to absorb heat energy is called its **specific heat.** The specific heat of a substance is the number of calories needed to raise the temperature of 1 gram of that substance 1 degree Celsius. The specific heat of water is 1 calorie per gram per degree Celsius (1.00 cal/g·°C). This is high compared with the specific heats of most other substances.

The high specific heat of water explains why the climate near an ocean or a large lake is usually mild. Water tends to heat up slowly, but it also loses heat slowly. This slow heating and cooling tends to keep the climate near a large body of water relatively uniform.

Figure 1–14 lists the specific heat values of some other common substances. Specific heat is an important property because it can be used to help decide which substance should be used for a specific purpose. For example, you can see by looking at Figure 1–14 that the specific heat of aluminum is almost twice that of iron. That means that aluminum pots and pans hold about twice as much heat as pots and pans of the same mass made of iron.

Calculating Heat Energy

Specific heat can be used to calculate the amount of heat gained or lost by a substance. The heat gained or lost by a substance is equal to the product of its mass times the change in temperature (ΔT) times its specific heat. (The symbol Δ is the Greek letter delta; ΔT means change in temperature.)

TABLA DE CALORES ESPECÍFICOS

Sustancia	Calor específico (cal/g·°C)
Aire	0.25
Aluminio	0.22
Cobre	0.09
Vidrio	0.20
Hielo (–20°C to O°C)	0.50
Hierro	0.11
Mercurio	0.03
Agua de mar	0.93
Agua	1.00
Madera	0.42

Figura 1–14 *De acuerdo con esta tabla de calores específicos, ¿Qué se calienta más rápido, el aluminio o el mercurio?*

elevarán en 10°C la temperatura de un gramo de agua. Si tuvieras 10 gramos de agua en vez de un gramo, las mismas 10 calorías elevarían la temperatura del agua sólo 1°C. ¿Cuántas calorías se necesitan para elevar en 10°C la temperatura de 10 gramos de agua?

Capacidad de calor específico

La masa no es el único factor que determina el cambio de temperatura. La misma cantidad de calor producirá diferentes cambios de temperatura en diferentes sustancias incluso si tienen la misma masa. Esto se debe a que algunas sustancias absorben la energía calórica con más facilidad que otras.

La capacidad de una sustancia para absorber energía calórica se llama **calor específico.** El calor específico de una sustancia es el número de calorías necesario para elevar en 1 grado Celsius la temperatura de 1 gramo de esa sustancia. El calor específico del agua es de una caloría por gramo por grado Celsius (1.00 cal/g.°C). Este calor específico es alto comparado con el de otras sustancias.

El alto calor específico del agua explica por qué el clima es más moderado cerca del océano o de un gran lago. El agua tiende a calentarse y enfriarse lentamente. Esta lentitud para enfriarse o calentarse tiende a mantener relativamente uniforme el clima próximo a una extensión importante de agua.

La figura 1–14 muestra los valores del calor específico de algunas otras sustancias comunes. El calor específico es una propiedad importante porque puede usarse para decidir qué sustancia es apropiada para un propósito específico. Por ejemplo, como puedes ver en la figura 1–14, el calor específico del aluminio es casi dos veces el del hierro. Eso significa que las ollas de aluminio retienen dos veces más calor que las ollas de la misma masa hechas de hierro.

Calcular la energía calórica

El calor específico puede usarse para calcular la cantidad de calor ganada o perdida por una sustancia. El calor que una sustancia gana o pierde es igual al producto de su masa por el cambio de temperatura (ΔT) por su calor específico. (El símbolo Δ es la letra griega delta; ΔT significa cambio de temperatura.)

Figure 1–15 *The calorimeter shown here can be used to measure the heat given off during a chemical reaction. What principle of heat transfer is the basis of operation of the calorimeter?*

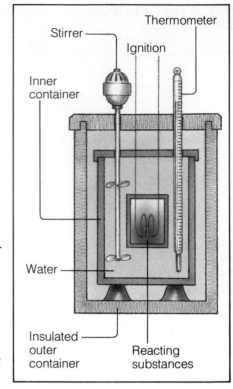

Heat gained or lost = Mass × ΔT × Specific heat

Within a closed container, the heat lost by one substance must equal the heat gained by another substance. A device that makes use of this principle is called a **calorimeter** (kal-uh-RIHM-uht-er). A calorimeter can be used to measure the heat given off in chemical reactions.

Figure 1–15 shows how a calorimeter is constructed. An insulated outer container surrounds an inner container filled with water. Inside the inner container is a chamber in which a chemical reaction takes place. Because the heat given off by the chemical reaction equals the heat gained by the water, the heat of the chemical reaction can be calculated. The temperature change, mass, and specific heat of the water must be known in order to make the calculation. For example, suppose the surrounding water has a mass of 300 grams. If the temperature of the

---

Sample Problem

How much heat is needed to raise the temperature of 4 grams of aluminum 5°C?

Solution

Step 1 Write the formula.

Step 2 Substitute given numbers and units.

Heat gained = Mass × ΔT × Specific heat

Heat gained = 4 g × 5°C × 0.22 cal/g·°C

Step 3 Solve for unknown variable.

Heat gained = 4.4 cal

Practice Problems

1. Calculate the heat lost by 10 g of copper if it is cooled from 35°C to 21°C.

2. Suppose that 10 grams of a certain substance gained 16.5 cal of heat when the temperature increased from 70°C to 85°C. What would be the specific heat of the substance?

Figura 1–15 *El calorímetro que mostramos se usa para medir el calor que se desprende durante una reacción química. ¿Qué principio de la transferencia de calor es la base del funcionamiento del calorímetro?*

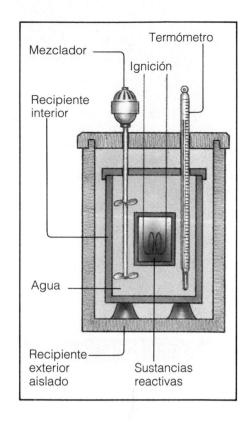

Mezclador
Termómetro
Ignición
Recipiente interior
Agua
Recipiente exterior aislado
Sustancias reactivas

Calor ganado o perdido = Masa $\times$ ΔT $\times$ Calor específico

En un recipiente cerrado, el calor perdido por una sustancia debe ser igual al calor ganado por otra sustancia. El aparato que usa este principio se llama **calorímetro.** Un calorímetro puede usarse para medir el calor que se desprende en las reacciones químicas.

La figura 1–15 muestra cómo está construído un calorímetro. Un recipiente exterior aislado contiene un recipiente interior lleno de agua. Dentro del recipiente interior hay una cámara en la cual tiene lugar una reacción química. Debido a que el calor perdido durante la reacción química es igual al calor ganado por el agua, puede calcularse el calor de la reacción química. El cambio de temperatura, la masa, y el calor específico del agua deben conocerse para hacer los cálculos. Imagina, por ejemplo que el agua tiene una masa de 300 gramos. Si la temperatura del

---

Problema modelo

¿Cuánto calor se necesita para subir en 5°C la temperatura de 4 gramos de aluminio?

Solución

Paso 1 Escribe la fórmula

Calor ganado = Masa $\times$ ΔT $\times$ Calor específico

Paso 2 Reemplazar los números y unidades dadas.

Calor ganado = 4g $\times$ 5°C $\times$ 0.22 cal/g.°C

Paso 3 Resuelve por la variante desconocida

Calor ganado = 4.4 cal

Problemas para practicar

1. Calcula el calor perdido por 10 g de cobre si se lo enfría de 35°C a 21°C.
2. Supón que 10 gramos de cierta sustancia ganaron 16.5 calorías al aumentar la temperatura de 70°C a 85°C. ¿Cuál sería el calor específico de la sustancia?

water increases 5°C, the heat given off by the chemical reaction is equal to 300 g x 5°C x 1 cal/g·°C = 1500 calories. How much heat would be given off by a chemical reaction that raised the temperature of 150 grams of water 10°C?

Potential Energy

When does heat energy not cause a change in the temperature of a substance? The answer to this question is quite simple: when the heat energy is stored. Stored energy—in the form of heat or any other kind of energy—is called **potential** (poh-TEHN-shuhl) **energy.** Potential heat energy is present in chemical substances such as gasoline and other fuels. The stored heat energy is released when the fuels are burned, for example, in a car engine.

Foods also contain potential heat energy. The energy stored in foods can be measured in calories because when foods are "burned," they release heat energy. ("Burning" food in your body involves the process of respiration, in which food that is broken

Activity Bank

These "Fuelish" Things, p.76

Figure 1–16 *The stored, or potential, energy in rocket fuel provides the boost needed to launch a Space Shuttle. Stored energy in food provides a similar boost to you.*

agua aumenta en 5°C, el calor perdido durante la reacción química es igual a 300 g x 5°C × 1 cal/g.°C = 1500 calorías. ¿Cuánto calor se perdería en una reacción química que elevara en 10°C la temperatura de 150 gramos de agua?

La energía potencial

¿Cuándo la energía calórica no causa un cambio en la temperatura de una sustancia? La respuesta a esta pregunta es bastante simple: cuando la energía calórica se almacena. La energía almacenada—en forma de calor o en cualquier otra forma de energía—se llama **energía potencial.** La energía calórica potencial se encuentra en sustancias químicas tales como la gasolina y otros combustibles. La energía calórica almacenada se libera cuando los combustibles se queman, por ejemplo, en el motor de un automóvil.

Las comidas también contienen energía calórica potencial. La energía almacenada en la comida puede medirse en calorías porque cuando la comida se quema, libera energía calórica. (El "quemar" comida en tu cuerpo implica el proceso de la respiración, en la cual los

Pozo de actividades
Combustibles comestibles, p. 76

Figura 1–16 *La energía almacenada o potencial del combustible de un cohete provee el impulso necesario para lanzar una nave espacial. La energía almacenada en la comida te da un impulso similar.*

down into sugar is combined with oxygen to release energy.) When sugars are burned in your body, heat energy needed to keep your body functioning is produced. The amount of heat a food gives off is indicated by the number of calories it contains. There is one big difference, however. "Food calories" are really kilocalories (kcal). And 1 kilocalorie is equal to 1000 calories. Food calories are usually written with a capital C to differentiate them from calories with a small c. So the next time you are on a diet, you can tell your friends that you are watching your kilocalories!

1–3 Section Review

1. How can heat be measured? What unit is used to measure heat?
2. What is specific heat? Why is it important?
3. What is a calorimeter? How does it work?

Critical Thinking—*Making Calculations*
4. Which would require more heat energy—raising the temperature of 100 grams of water from 40°C to 100°C or raising the temperature of 1000 grams of water from 80°C to 90°C? Show your calculations.

Counting Calories

All foods contain Calories. But not all substances in food contain the same number of Calories per gram. Carbohydrates and proteins contain 4 Calories per gram. Fats contain 9 Calories per gram.

1. Obtain a nutrition information label from a food product, such as yogurt or peanut butter.

2. Read the label to find the number of grams of carbohydrate, protein, and fat contained in one serving.

3. Calculate the number of Calories of carbohydrate, protein, and fat for one serving.

4. Add your three values to find the total number of Calories. How does your value compare with the total number of Calories listed on the label for one serving?

1–4 Heat and Phase Changes

Have you ever watched an ice cube melt in a glass of water? If so, have you been curious about why this happens? Heat always moves from a warm substance to a cooler substance. Because the water is warmer than the ice, heat moves from the water to the ice. As the ice absorbs heat, it melts, or changes into a liquid. Eventually all the solid ice will change into liquid water.

Matter can exist in three phases: solid, liquid, and gas. The physical change of matter from the solid phase (ice) to the liquid phase (water) is called a

Guide for Reading

Focus on this question as you read.

▶ *What causes a phase change?*

alimentos se degradan en azúcar y éste se combina con oxígeno, liberando energía.) Cuando el azúcar se quema en tu cuerpo, se produce energía calórica para que sigas funcionando. La cantidad de calor que una comida emite se determina por el número de calorías que contiene. Hay sin embargo una gran diferencia. Las "calorías de los alimentos" son realmente kilocalorías (kcal). Y una kilocaloría es igual a 1000 calorías. Las calorías de los alimentos se escriben generalmente con C mayúscula para diferenciarlas de las otras calorías que se escriben con c minúscula. Así que la próxima vez que estés a dieta, ¡puedes decir a tus amigos que estás vigilando tus kilocalorías!

1–3 Repaso de la sección

1. ¿Cómo se puede medir el calor? ¿Qué unidad se usa para medirlo?
2. ¿Qué es el calor específico? ¿Por qué es importante?
3. ¿Qué es un calorímetro? ¿Cómo funciona?

Pensamiento crítico—*Haciendo cálculos*
4. ¿Qué requeriría más energía calórica, elevar la temperatura de 100 gramos de agua de 40°C a 100°C o elevar la temperatura de 100 gramos de agua de 80°C a 90°C? Muestra tus cálculos.

1–4 El calor y los cambios de estado

¿Observaste alguna vez un cubo de hielo mientras se disolvía en un vaso de agua? Si lo hiciste, ¿no tuviste curiosidad de saber por qué ocurre esto? El calor se mueve siempre de una sustancia más caliente a una más fría. Como el agua es más caliente que el hielo, el calor se mueve del agua al hielo. A medida que el hielo absorbe calor, se convierte en, o cambia a un líquido. Eventualmente todo el hielo sólido se convertirá en agua líquida.

La materia puede existir en tres estados: sólido, líquido y gaseoso. El cambio físico de la materia del estado sólido (hielo) a la fase líquida (agua) se llama

ACTIVIDAD

PARA CALCULAR

Contando las calorías

Todo alimento contiene Calorías pero no todas las sustancias de los alimentos contienen el mismo número de Calorías por gramo. Los carbohidratos y las proteínas tienen 4 Calorías por gramo. Las grasas contienen 9 Calorías por gramo.

1. Obtén una etiqueta con información sobre nutrición de un producto como yogur o mantequilla de maní.

2. Lee la etiqueta para saber cuántos gramos de carbohidrato, proteína y grasa hay por porción.

3. Calcula el número de Calorías de los carbohidratos, las proteínas y las grasas de cada porción.

4. Suma las tres cantidades para hallar el número total de Calorías. Compara tu cantidad con el total de Calorías que según la etiqueta tiene cada porción.

Guía para la lectura

Piensa en esta pregunta mientras lees.

▶ *¿Qué causa un cambio de estado?*

Figure 1–17 *Matter can exist in three phases. Which phases of matter can be observed in this photograph?*

Figure 1–18 *With the addition of heat, these water droplets will change phase and become gaseous water in the atmosphere. What term is used for the amount of heat needed to change a liquid to a gas?*

phase change. Matter can undergo several different phase changes. Phase changes occur when a solid becomes a liquid, which is called melting, and when a liquid becomes a solid, which is called freezing. The change of a liquid to a gas, or evaporation, and the change of a gas to a liquid, or condensation, are also phase changes.

What causes a phase change? **A change in phase requires a change in heat energy.** When ice melts and changes into water, energy in the form of heat is being absorbed by the ice. The energy is needed to overcome the forces of attraction that hold the water molecules together in the solid phase (ice). Where do you think the heat energy needed to melt the ice in a glass of water is coming from?

Heat of Fusion and Heat of Vaporization

The amount of heat needed to change 1 gram of a substance from the solid phase to the liquid phase is called **heat of fusion.** The heat of fusion of ice is 80 calories per gram (cal/g). This means that in

Figura 1–17 *La materia puede existir en tres estados. ¿Qué estados de la materia pueden observarse en esta fotografía?*

Figura 1–18 *Con la ayuda del calor, estas gotas de agua cambiarán de estado, volviéndose agua gaseosa en la atmósfera. ¿Qué término se usa para designar la cantidad de calor necesaria para cambiar un líquido en un gas?*

cambio de estado. La materia puede pasar por varios cambios de estado diferentes. Los cambios de estado ocurren cuando un sólido se vuelve líquido, o se derrite, o cuando un líquido se vuelve sólido, o se congela. El cambio de líquido a gas, o evaporación, y el cambio de gas a líquido, o condensación, son también cambios de estado.

¿Cuál es la causa de los cambios de estado? **Un cambio de estado requiere un cambio de energía calórica.** Cuando el hielo se derrite, cambiando a agua, el hielo absorbe energía en forma de calor. La energía es necesaria para vencer las fuerzas de atracción que mantienen juntas las moléculas de agua en el estado sólido (hielo). ¿De dónde crees que proviene la energía que derrite el hielo en un vaso de agua?

Calor de fusión y calor de evaporación

La cantidad de calor necesaria para transformar un gramo de una sustancia en estado sólido al estado líquido se llama **calor de fusión.** El calor de fusión del hielo es de 80 calorías por gramo (cal/g). Esto significa

order to melt 1 gram of ice, 80 calories of heat are needed. What do you think happens when 1 gram of liquid water changes into ice? You are right if you said that 80 calories of heat are lost by 1 gram of liquid water as it changes into ice. How much heat is needed to change 10 grams of ice into water?

The amount of heat needed to change 1 gram of a substance from the liquid phase to the gas phase is called **heat of vaporization.** The heat of vaporization of water is 540 calories per gram. This means that 540 calories of heat must be added to 1 gram of water in order to change it into steam. How much heat is needed to change 10 grams of water into steam? How much heat is given off if 10 grams of steam are condensed into water?

Melting, Freezing, and Boiling Points

In order for a substance to undergo a phase change, the substance must be at a certain temperature. The temperature at which a substance changes from the liquid phase to the solid phase is called its **freezing point.** The freezing point of water is 0°C. The temperature at which a substance changes from the solid phase to the liquid phase is its **melting point.** A substance's freezing point and melting point are the same. Can you explain why? The

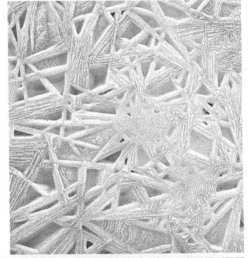

Figure 1–19 *The temperature at which a liquid changes to a solid is called its freezing point. At what temperature does liquid water change to ice crystals?*

que, para derretir un gramo de hielo se necesitan 80 calorías de calor. ¿Qué crees que pasa cuando un gramo de agua líquida se transforma en hielo? Tienes razón si dices que el agua líquida perdió 80 calorías, por gramo, al transformarse en hielo. ¿Cuánto calor se necesita para transformar en agua 10 gramos de hielo?

La cantidad de calor necesaria para transformar un gramo de una sustancia del estado líquido al estado gaseoso se llama **calor de vaporización.** El calor de vaporización del agua es de 540 calorías por gramo. Esto significa que deben agregarse 540 calorías a un gramo de agua para transformarlo en vapor. ¿Cuánto calor se necesita para transformar 10 gramos de agua en vapor? ¿Cuánto calor se desprende de 10 gramos de vapor que se condensan formando agua?

Puntos de fusión, congelación y ebullición

Para que una sustancia sufra un cambio de estado, debe estar a cierta temperatura. La temperatura a la cual una sustancia cambia del estado líquido al estado sólido se llama **punto de congelación.** El punto de congelación del agua es 0°C. La temperatura a la cual una sustancia cambia del estado sólido al estado líquido es su **punto de fusión.** El punto de congelación y el punto de fusión de una sustancia es el mismo. ¿Puedes explicar por qué? La temperatura a la cual una sustancia

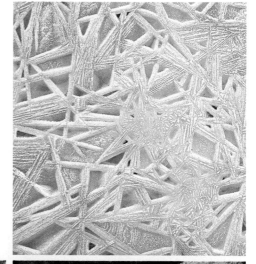

Figura 1–19 *La temperatura a la cual un líquido se vuelve sólido se llama punto de congelación. ¿A qué temperatura se transforma el agua líquida en cristales de hielo?*

Figure 1–20 *A heating curve, or phase-change diagram, illustrates the fact that during a phase change the addition of heat produces no change in temperature. According to the graph, how many calories per gram are required for ice to melt? For water to vaporize?*

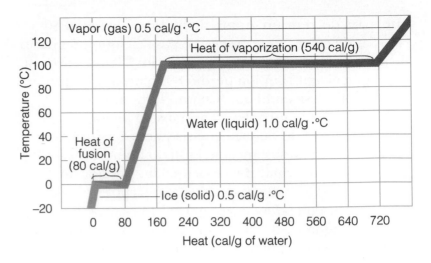

Mystery Substance

Substance X has a mass of 100 grams. Adding 500 calories of heat causes the temperature of Substance X to rise 10°C. Adding an additional 4000 calories causes half of Substance X to change phase. If enough heat is added to complete the phase change, an additional 1000 calories will be needed to raise the temperature by 10°C. What is Substance X? What is its temperature?

temperature at which a substance changes from the liquid phase to the gas phase is called its **boiling point.** The boiling point of water is 100°C.

During a phase change, something unusual happens. Although there is a change in heat energy (heat is either added or removed), there is no change in temperature. The forces of attraction between molecules are overcome, but the average kinetic energy of the molecules remains the same. Once the melting point or boiling point of a substance has been reached, adding or removing heat results in more of the substance changing phase, not in a change in temperature. Only after a phase change is complete will a change in heat energy result in a change in temperature.

The graph in Figure 1–20 shows the relationship among heat energy, temperature, and phase for water. This type of graph is called a phase-change diagram or a heating curve. According to the diagram, what happens as ice is heated from –20°C to 0°C? The temperature rises as heat is added. For every degree Celsius that the temperature rises, an amount of heat equal to 0.5 cal/g is required. At 0°C the ice undergoes a phase change—the solid ice melts and becomes liquid water. There is no change in temperature during the phase change. How much heat, in calories per gram, is required for this phase change? What is this amount of heat called?

As heat is added to the liquid water after the phase change, the temperature rises again until it reaches 100°C. At this point, even though heat is

Figura 1–20 *Una curva calórica, o diagrama de cambio de estado, demuestra el hecho de que durante un cambio de estado, la adición de calor no produce un cambio de temperatura. De acuerdo al gráfico, ¿cuántas calorías por gramo se requieren para que se derrita el hielo? ¿Y para que se evapore el agua?*

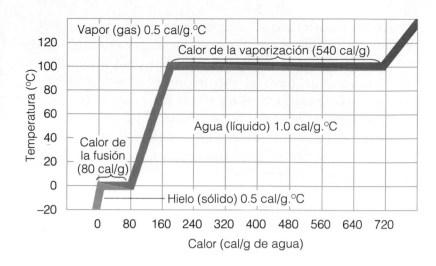

cambia del estado líquido al gaseoso se llama el **punto de ebullición.** El punto de ebullición del agua es 100°C.

Durante un cambio de estado ocurre algo poco común. A pesar de que hay un cambio de energía calórica (se agrega o se quita calor), no hay cambio de temperatura. La fuerza de atracción entre las moléculas se vence, pero la energía cinética media de las moléculas se mantiene igual. Una vez que se alcanza el punto de fusión o el punto de ebullición de una sustancia, el agregar o quitar calor hará que más sustancia cambie de estado, pero no de temperatura. Sólo después de que el cambio de estado se haya completado, un cambio en la energía calórica dará como resultado un cambio en la temperatura.

El gráfico en la figura 1–20 muestra la relación entre energía calórica, temperatura y estado en el caso del agua. Este tipo de gráfico se llama diagrama de cambio de estado o curva calórica. De acuerdo con el diagrama, ¿qué pasa al calentarse el hielo de −20°C a 0°C ? La temperatura sube a medida que se agrega calor. Por cada grado Celsius que la temperatura aumenta se requiere una cantidad de calor de 0.5 cal/g. A 0°C el hielo cambia de estado—el hielo sólido se derrite y se transforma en agua. No hay cambios de temperatura al cambiar de estado. ¿Cuánto calor, en calorías por gramo, se requiere para este cambio de estado? ¿Cómo se llama esta cantidad de calor?

A medida que se agrega calor al agua líquida después del cambio de estado, la temperatura se eleva de nuevo hasta alcanzar 100°C. En ese momento, aun

still being added, the temperature remains at 100°C while the liquid water changes to a gas (steam). This fact has an important application in your daily life. Remember, the heat of vaporization of water is 540 cal/g. So although boiling water and steam have the same temperature, the steam contains 540 cal/g more heat than the water. This means that you can get a more serious burn from steam at 100°C than from boiling water at 100°C.

Once the phase change is complete, the temperature rises again as heat is added to the steam. How many calories of heat are needed to change 1 gram of ice at 0°C to 1 gram of steam at 100°C?

1–4 Section Review

1. What is necessary for a phase change to occur?
2. What is heat of fusion? What is heat of vaporization?
3. What happens to the temperature of a substance during a phase change? What happens to heat energy?

Critical Thinking—*Making Comparisons*
4. Compare the amount of heat released when 54 grams of water freeze to ice with the amount of heat released when 8 grams of steam condense to water.

ACTIVITY
DISCOVERING

Changing the Boiling Point

1. Obtain three clean beakers.
2. Pour 100 mL of water into each beaker.
3. Add 10 g of salt to the first beaker and 20 g of salt to the second beaker. Do not add anything to the third beaker. Stir to dissolve the salt in each beaker.
4. Heat the water in each beaker until it begins to boil. Record the temperature at which the water in each beaker begins to boil.

What is the boiling point of the water in the first beaker? The second beaker? The third beaker?

■ What effect does adding salt to water have on the boiling point of the water?

■ What is the relationship between the amount of salt added and the boiling point?

1–5 Thermal Expansion

Have you ever wondered why sidewalks have spaces between the squares of concrete? The reason is that concrete expands in hot weather. Without the spaces, the surface of the sidewalk would buckle as it expanded. Spaces are left in bridge roadways and between railroad tracks for the same reason.

The liquid in a thermometer expands when it is heated. If you leave a tightly closed bottle of carbonated soda out in the hot sun, it may explode or at least bubble over in a fizzy mess when you open it!

Guide for Reading

Focus on this question as you read.

▶ *What is meant by thermal expansion?*

cuando se siga agregando calor, la temperatura permanece a 100°C mientras el agua se transforma en gas (vapor). Este hecho tiene una aplicación importante en la vida diaria. Recuerda que el calor necesario para la vaporización del agua es de 540 cal/g. Así, a pesar de que el agua hirviendo y el vapor tienen la misma temperatura, el vapor tiene 540 cal/g más que el agua. Esto significa que te puedes quemar más con el vapor a 100°C que con el agua a 100°C.

Después del cambio de estado, la temperatura sube nuevamente al agregarse calor al vapor. ¿Cuántas calorías se necesitan para transformar un gramo de hielo a 0°C en un gramo de vapor a 100°C?

1–4 Repaso de la sección

1. ¿Qué se necesita para que haya un cambio de estado?
2. ¿Qué es el calor de fusión? ¿Qué es el calor de vaporización?
3. ¿Qué pasa con la temperatura de una sustancia durante un cambio de estado? ¿Qué pasa con la energía calórica?

Pensamiento crítico—*Hacer comparaciones*
4. Compara la cantidad de calor liberado cuando se congelan 54 gramos de agua, con la cantidad de calor que se desprende cuando 8 gramos de vapor se condensan en agua.

ACTIVIDAD

PARA AVERIGUAR

Cambiar el punto de ebullición

1. Obtiene tres cubetas limpias.
2. Vierte 100 mL de agua en cada cubeta.
3. Agrega 10 g de sal a la primera cubeta y 20 g a la segunda. No agregues nada a la tercera cubeta. Revuelve hasta disolver la sal en cada una de las cubetas.
4. Calienta el agua en cada cubeta hasta que comience a hervir. Anota la temperatura a que comienza a hervir el agua de cada cubeta.

¿Cuál es el punto de ebullición del agua en la primera cubeta? ¿Y en la segunda cubeta? ¿Y en la tercera?

■ ¿Qué efecto tiene agregar sal en el punto de ebullición del agua?

■ ¿Cuál es la relación entre la cantidad de sal agregada y el punto de ebullición?

1–5 Expansión térmica

¿Te has preguntado alguna vez por qué las aceras tienen espacios entre los bloques de cemento que las forman? La razón es que el concreto se expande cuando hace calor. Sin los espacios, la superficie de la acera se levantaría al expandirse. Por la misma razón se dejan espacios en los caminos de los puentes y entre vías de ferrocarril.

El líquido del termómetro se expande con el calor. Una botella de soda con burbujas cerrada al calor del sol, puede explotar o por lo menos desbordar lanzando parte del líquido al abrirla. Y tal vez hayas notado que las llantas de tu

Guía para la lectura

Piensa en esta pregunta mientras lees.

▶ *¿Qué quiere decir expansión térmica?*

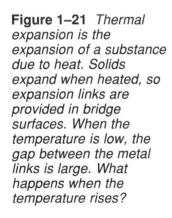

Meaningful Relationships

Sometimes words that have a scientific meaning also have another, more common meaning. Often the two meanings are related. Knowing this relationship can help you remember the scientific meaning.

Look up the meaning of each underlined word in the following terms. Then write a sentence that tells how each word's general meaning relates to its scientific meaning.

absolute zero
kinetic energy
potential energy
specific heat
thermal expansion

And you might have noticed that the tires on your bicycle tend to look "higher" in warm weather than they do in cold weather. All of these examples illustrate the process of **thermal expansion.** Thermal expansion is the expansion, or increase in size, of a substance caused by heat. **Most substances—solids, liquids, and gases—expand when their temperature is increased.**

Expansion in Solids

Why do solids expand when they are heated? Knowing something about how molecules are arranged in a solid will help you to answer this question. The molecules of a solid are arranged in fixed positions about which they vibrate, or move in place. As heat energy is added to the solid, the kinetic energy of the molecules increases and their vibrations speed up. The molecules move farther away from their fixed positions and farther away from each other. The increased distance between the molecules accounts for the expansion of the solid.

Expansion in Liquids

The kinetic energy of the molecules in a liquid also increases when the liquid is heated. As the molecules begin to move faster, they move farther apart. So most liquids expand when they are heated.

Figure 1–21 *Thermal expansion is the expansion of a substance due to heat. Solids expand when heated, so expansion links are provided in bridge surfaces. When the temperature is low, the gap between the metal links is large. What happens when the temperature rises?*

Relaciones significativas

A veces las palabras que tienen un significado científico tienen también otro más común. A menudo los dos significados se relacionan. Conocer esta relación puede ayudarte a recordar el significado científico.

Busca el significado de las palabras subrayadas. Escribe luego una frase sobre cómo el significado general de cada palabra se relaciona con el significado científico.

cero <u>absoluto</u>
energía <u>cinética</u>
energía <u>potencial</u>
calor <u>específico</u>
expansión <u>térmica</u>

bicicleta parecen más altas cuando hace calor que cuando hace frío. Estos ejemplos ilustran el proceso de la **expansión térmica.** La expansión térmica es la expansión, o aumento de tamaño, de una sustancia causada por el calor. **La mayoría de las sustancias—sólidos, líquidos y gases—se expanden cuando aumenta su temperatura.**

La expansión en los sólidos

¿Por qué se expanden los sólidos cuando se los calienta? Te será más fácil responder a esta pregunta si aprendes algo acerca de cómo están dispuestas las moléculas de un sólido. Las moléculas de un sólido están dispuestas en posiciones fijas en las cuales vibran, o se mueven sin dejar su lugar. A medida que se agrega energía calórica a un sólido, la energía cinética de las moléculas aumenta y sus vibraciones se aceleran. Las moléculas se alejan de sus posiciones fijas y entre sí. El aumento de la distancia entre las moléculas explica la expansión de los sólidos.

La expansión en los líquidos

La energía cinética de las moléculas de un líquido también aumenta al calentarse el líquido. Al moverse más rápido las moléculas, se separan entre sí. Así, la mayoría de los líquidos se expanden si se les calienta.

Figura 1–21 *La expansión térmica es la expansión de una sustancia debido al calor. Los sólidos se expanden ante el calor, por eso en los puentes se usan nexos de expansión. Cuando la temperatura es baja, las aberturas entre los nexos de metal se agrandan. ¿Qué pasa cuando la temperatura sube?*

Figure 1–22 *Unlike all other substances on Earth, water expands when it freezes. This fact explains why ice floats, an important consideration when ice fishing. How does this fact contribute to potholes on concrete roadways?*

There is one exception to this rule, however. Between the temperatures of 4°C and 0°C, water expands as it cools. Because of this expansion, the volume of water increases as it cools from 4°C to 0°C. (Volume is the amount of space a substance takes up.) As the volume increases, the density decreases. Density is an important property of matter. The density of a substance is equal to the mass of the substance divided by its volume (Density = Mass/Volume). This equation shows why the density of water changes when its volume changes.

Recall that 0°C is the freezing point of water. So solid ice is less dense than liquid water. You can see this for yourself when you look at ice cubes floating in a glass of water or chunks of ice floating on the surface of a pond. What do you think would be the effect on living things if ice were more dense than liquid water?

Figura 1–22 *Al contrario de todas las otras sustancias de la Tierra, el agua se expande al congelarse. Esto explica por qué el hielo flota, hecho importante cuando se pesca a través del hielo. ¿Cómo contribuye este hecho a formar baches en los caminos de concreto?*

Hay, sin embargo, una excepción a esta regla. Entre las temperaturas de 4°C y 0°C el agua se expande al enfriarse. Debido a esta expansión, el volumen del agua aumenta a medida que se enfría de 4°C a 0°C. (Volumen es la cantidad de espacio ocupado por una sustancia.) Al aumentar el volumen, disminuye la densidad. La densidad es una propiedad importante de la materia. La densidad de una sustancia es igual a la masa de esa sustancia dividida por su volumen. (Densidad = Masa/ Volumen.) Esta ecuación muestra por qué la densidad del agua cambia al cambiar su volumen.

Recuerda que 0°C es el punto de congelación del agua. O sea que el hielo es menos denso que el agua. Puedes comprobar esto mirando los cubos de hielo en un vaso de agua o pedazos de hielo flotando en un estanque. ¿Qué crees que les pasaría a los organismos vivos si el hielo fuera más denso que el agua?

Q ■ 33

ACTIVIDAD

PARA HACER

Un bache modelo

1. Llena un globo con agua y átalo bien.

2. En un tazón mezcla cantidades iguales de sal y harina. Agrega agua hasta formar una pasta.

3. Distribuye una capa gruesa de pasta sobre la superficie del globo. Déjala secar.

4. Deja el globo en el congelador de tu refrigerador durante la noche.

¿Qué le pasa al globo? ¿Cuál fue la causa de que pasara eso?

You may have noticed "potholes" in roads, especially in the early spring. Potholes are caused when water under the road surface freezes and expands during the winter. The colder the winter, the more potholes in the spring! The expansion of water as it freezes should also remind you not to fill an ice tray to the top with water before putting it in the freezer. Why?

Expansion in Gases

Gas molecules are already farther apart and moving faster than molecules in a solid or a liquid. As the temperature of a gas increases, the molecules move faster and faster. They begin to collide with one another and with the sides of their container. Because the molecules in a gas have considerable freedom of motion, thermal expansion in a gas can be quite dramatic. An explosion may result when a tightly closed container of a gas becomes too hot. Why should you never heat food or anything else in a closed container?

Applications of Thermal Expansion

You are already familiar with one application of thermal expansion—the expansion of a liquid in a thermometer tube as it is heated. The principle of thermal expansion can also be useful in constructing heat-regulating devices. These devices make use of the fact that different solids expand at different rates.

A device that is used to control temperature is called a **thermostat** (THER-muh-stat). Thermostats are used to control the air temperature in homes, schools, and other indoor areas. They are also useful in adjusting the temperature of electric appliances. The switch in a thermostat is a **bimetallic strip,** which consists of two different metals joined together. The two metals have different rates of thermal expansion. When the bimetallic strip is heated, one of the metals expands faster than the other, causing the strip to bend. The metal that expands faster is on the outside of the bimetallic strip. As the temperature changes, the bending and unbending of the bimetallic strip opens and closes an electric circuit

Tú debes haber visto baches en los caminos, especialmente a principios de la primavera. Los baches se forman cuando el agua que está debajo de la superficie de los caminos se congela y expande durante el invierno. ¡Cuanto más frío sea el invierno, más baches habrá en la primavera! La expansión del agua al congelarse podría recordarte que no debes llenar una cubeta de hielo hasta el tope para ponerla en el congelador. ¿Por qué?

La expansión de los gases

Las moléculas de un gas están más separadas y se mueven a más velocidad que las de un sólido o un líquido. A medida que aumenta la temperatura de un gas, las moléculas se mueven con más rapidez. Comienzan a chocar entre sí y con las paredes del recipiente. Debido a que las moléculas tienen considerable libertad de movimiento, la expansión térmica de un envase de gas puede resultar bastante espectacular. Cuando un recipiente cerrado que contiene gas se calienta mucho, puede producirse una explosión. ¿Por qué no debes calentar comida o ninguna otra cosa en un recipiente cerrado?

Aplicaciones de la expansión térmica

Tú ya sabes de una aplicación de la expansión térmica, la expansión del líquido en un termómetro al calentarse. El principio de la expansión térmica puede también ser útil en la construcción de mecanismos que regulen el calor. Estos mecanismos se basan en el hecho de que los distintos sólidos tienen distintos índices de expansión.

Un mecanismo que sirve para controlar la temperatura se llama **termostato.** Los termostatos se usan para controlar la temperatura de casas, escuelas y otros espacios en interiores. Sirven también para graduar la temperatura de los aparatos domésticos eléctricos. El interruptor de un termostato es una **tira bimetálica**, que consiste en dos metales diferentes unidos. Los dos metales tienen diferentes tasas de expansión térmica. Al calentarse la tira bimetálica, uno de los metales se expande más que el otro, haciendo que la tira se doble. El metal que se expande antes está del lado de afuera de la tira bimetálica. A medida que la temperatura cambia, al doblarse y desdoblarse la tira, se abre o se cierra un circuito eléctrico que controla el

ACTIVIDAD

La expansión térmica

1. Obtiene una bola y un aro de metal. Pasa la bola por el aro.

2. Calienta la bola en la llama de una vela. **CUIDADO:** *Presta atención al usar el fuego.* Pasa la bola caliente por el aro otra vez.

3. Sigue calentando la bola y tratando de pasarla por el aro. Después calienta el aro. y observa si la bola pasa a través del aro. Anota tus observaciones.

■ Basándote en tus observaciones, ¿puedes sacar conclusiones sobre la conducta de los sólidos al calentarse?

that controls the heat-regulating device. Thermostats are used on air conditioners, electric blankets, refrigerators, and home heating systems. What are some other uses of thermostats?

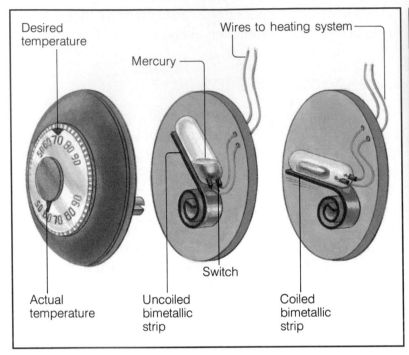

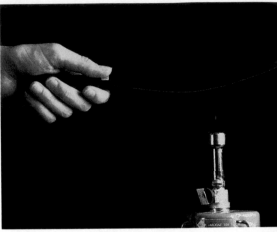

Desired temperature

Wires to heating system

Mercury

Actual temperature

Switch

Uncoiled bimetallic strip

Coiled bimetallic strip

Figure 1–23 *Because the two heated metals in a bimetallic strip expand at different rates, the strip bends. A bimetallic strip is an important part of a thermostat. When the temperature gets too low, the bimetallic strip uncoils. This action causes a drop of mercury to close a switch and start the heating system. What happens when the room temperature then reaches the desired level?*

1–5 Section Review

1. What is meant by thermal expansion?
2. What happens to the molecules of a substance when the substance is heated?
3. How does a bimetallic strip in a thermostat make use of the principle of thermal expansion? What are some uses of thermostats?

Critical Thinking—*Applying Concepts*
4. Use the concept of density to explain why icebergs float in water.

mecanismo que regula el calor. Los termostatos se usan en aparatos de aire acondicionado, frazadas eléctricas, refrigeradores y sistemas domésticos de calefacción. ¿Cuáles son otros usos de los termostatos?

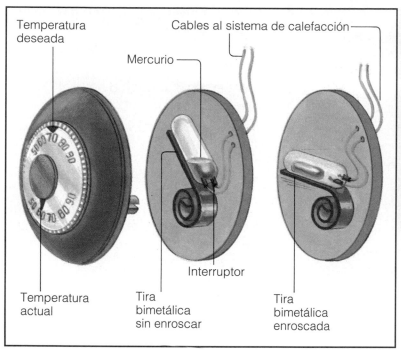

Temperatura deseada

Cables al sistema de calefacción

Mercurio

Temperatura actual

Interruptor

Tira bimetálica sin enroscar

Tira bimetálica enroscada

Figura 1–23 *Debido que al calentarse los dos metales de la tira bimetálica tienen índices diferentes de expansión, la tira se dobla. La tira bimetálica es una parte importante de un termostato. Cuando la temperatura baja demasiado, la tira se desenrosca. Esto hace que una gota de mercurio cierre el circuito, poniendo la calefacción a funcionar. ¿Qué pasa cuando la temperatura del cuarto llega al nivel deseado?*

1–5 Repaso de la sección

1. ¿Qué significa expansión térmica?
2. ¿Qué les pasa a las moléculas de una sustancia cuando se calientan?
3. ¿Cómo usa la tira bimetálica de un termostato el principio de la expansión térmica? ¿Cuáles son algunos de los usos de los termostatos?

Pensamiento crítico—*Aplicación de conceptos*
4. Usa el concepto de densidad para explicar por qué los témpanos de hielo flotan en el agua.

Laboratory Investigation

Finding the Temperature of a Mixture

Problem

When hot and cold water are mixed together, what will be the temperature of the mixture?

Materials *(per group)*

3 Styrofoam cups	ice cubes
2 100-mL graduated cylinders	2 250-mL beakers
	stirring rod
thermometer	hot plate

Procedure

1. Place several ice cubes in a beaker and fill the beaker about two thirds full with water. Cool the water until the temperature is 10°C or lower.

2. Fill a second beaker about two thirds full with water and heat the beaker until the temperature is at least 75°C. **Note:** *Do not boil the water.*

3. Line up three Styrofoam cups. Pour 40 mL of cold water into the first cup. **Note:** *Be sure that there is no ice in the water.* Pour 40 mL of hot water into the second cup.

4. Measure and record the temperature of the water in each cup.

5. Pour the samples of hot and cold water into the third cup and stir to mix. Measure and record the temperature of the mixture.

6. Discard the water and save the cups for the next steps.

7. Repeat steps 3 through 6 using 80 mL of hot water and 40 mL of cold water.

8. Repeat steps 3 through 6 using 40 mL of hot water and 80 mL of cold water.

9. For each trial, record your observations in a data table.

Observations

For each trial, was the temperature of the mixture closer to the temperature of the hotter sample or of the colder sample? How much closer?

Analysis and Conclusions

1. Explain your observations in each trial.

2. When hot and cold water are mixed, what is one factor that determines the temperature of the mixture?

3. What types of heat transfer are involved when you mix hot and cold water?

4. What are some sources of error in this experiment?

5. **On Your Own** What would you predict the approximate temperature of the mixture to be if you mixed 20 mL of water at 10°C with 100 mL of water at 80°C? Carry out the experiment to test your prediction.

	Cold Water		Hot Water		Mixture	
Trial	*Volume*	*Temperature*	*Volume*	*Temperature*	*Volume*	*Temperature*
1						
2						

Investigación de laboratorio

Hallar la temperatura de una mezcla

Problema

Cuando se mezclan agua fría y caliente, ¿cuál será la temperatura de la mezcla?

Materiales *(para cada gupo)*

3 vasos de estireno	cubos de hielo
2 cilindros gra- duados de 100 mL	2 cubetas de 250 mL
termómetro	barra para revolver
	plato caliente

Procedimiento

1. Coloca varios cubos de hielo en una cubeta y llena las tres cuartas partes con agua. Deja enfriar el agua hasta que la temperatura sea de 10°C o menos.

2. LLena dos tercios de la segunda cubeta con agua y caliéntala hasta llegar por lo menos a los 75°C. **Nota:** *No hiervas el agua.*

3. Alínea los tres vasos de estireno. Vierte 40 mL de agua fría en el primer vaso. **Nota:** *Asegúrate de que no haya hielo en el agua.* Vierte 40 mL de agua caliente en el segundo vaso.

4. Mide y registra la temperatura del agua en cada uno de los vasos.

5. Vierte las muestras de agua fría y agua caliente en el tercer vaso y revuelve hasta mezclarlas. Mide y registra la temperatura de la mezcla.

6. Tira el agua y guarda los vasos para el próximo paso.

7. Repite los pasos 3 a 6 usando 80 mL de agua caliente y 80 mL de agua fría.

8. Repite los pasos 3 a 6 usando 40 mL de agua caliente y 80 mL de agua fría.

9. Después de cada prueba, registra tus observaciones en una tabla de datos.

Observaciones

En cada prueba, ¿la temperatura de la mezcla estaba más cerca de la temperatura del agua caliente o del agua fría? ¿Cuanto más cerca?

Análisis y conclusiones

1. Explica tus observaciones en cada intento.

2. Cuando se mezclan agua fría y caliente, ¿qué factor determina la temperatura de la mezcla?

3. ¿Qué tipos de transferencia de calor intervienen cuando mezclas el agua fría y la caliente?

4. ¿Cuáles son algunas fuentes de error en este experimento?

5. **Por tu cuenta** ¿Cuál piensas que sería la temperatura aproximada de la mezcla de 20 mL de agua a 10°C con 100 mL de agua a 80°C? Haz el experimento para poner a prueba tu predicción.

	Agua fría		Agua caliente		Mezcla	
Prueba	*Volumen*	*Temperatura*	*Volumen*	*Temperatura*	*Volumen*	*Temperatura*
1						
2						

Study Guide

Summarizing Key Concepts

1–1 Heat: A Form of Energy

▲ Heat is a form of energy related to the motion of molecules.

▲ The three types of heat transfer are conduction, convection, and radiation.

▲ Substances that conduct heat effectively are called conductors. Substances that do not conduct heat easily are called insulators.

1–2 Temperature and Heat

▲ Kinetic energy is energy of motion.

▲ Temperature is the measure of the average kinetic energy of molecules. The unit used to measure temperature is the degree Celsius.

1–3 Measuring Heat

▲ Heat can be measured indirectly by measuring changes in temperature.

▲ A calorie is the amount of heat needed to raise the temperature of 1 gram of liquid water 1 degree Celsius.

▲ The ability of a substance to absorb heat energy is called its specific heat.

▲ Heat gained or lost by a substance is equal to its mass times the change in temperature times its specific heat.

1–4 Heat and Phase Changes

▲ A phase change involves a gain or loss of heat energy but no change in temperature.

▲ The amount of heat needed to change a substance from the solid phase to the liquid phase is called heat of fusion.

▲ The amount of heat needed to change a substance from the liquid phase to the gas phase is called heat of vaporization.

1–5 Thermal Expansion

▲ Thermal expansion, or the expansion of a substance due to heat, can be explained in terms of the kinetic energy of molecules.

Reviewing Key Terms

Define each term in a complete sentence.

1–1 Heat: A Form of Energy
heat
molecule
heat transfer
conduction
conductor
insulator
convection
radiation

1–2 Temperature and Heat
kinetic energy
temperature
thermometer
Celsius scale
Kelvin scale
absolute zero

1–3 Measuring Heat
calorie
specific heat
calorimeter
potential energy

1–4 Heat and Phase Changes
phase change
heat of fusion
heat of vaporization
freezing point
melting point
boiling point

1–5 Thermal Expansion
thermal expansion
thermostat
bimetallic strip

Guía para el estudio

Resumen de conceptos claves

1–1 El calor: una forma de energía

▲ El calor es una forma de energía relacionada con el movimiento de las moléculas.

▲ Los tres tipos de transferencia del calor son conducción, convección y radiación.

▲ Las sustancias que conducen eficazmente el calor se llaman conductoras. Las que no conducen el calor fácilmente se llaman aislantes.

1–2 Temperatura y calor

▲ Energía cinética es la energía del movimiento.

▲ Temperatura es la medida de la energía cinética media de las moléculas. La unidad usada para medir la temperatura es el grado Celsius.

1–3 Medición del calor

▲ El calor puede medirse indirectamente midiendo los cambios de temperatura.

▲ Una caloría es la cantidad de calor necesaria para elevar en un grado Celsius la temperatura de un gramo de agua.

▲ Calor específico es la capacidad de una sustancia de absorber energía calórica.

▲ El calor que una sustancia gana o pierde es igual a su masa, multiplicada por el cambio de temperatura, multiplicada por su calor específico.

1– 4 El calor y los cambios de estado

▲ Un cambio de estado implica ganancia o pérdida de energía calórica pero no un cambio de temperatura.

▲ La cantidad de calor necesaria para cambiar una sustancia del estado sólido al estado líquido se llama calor de fusión.

▲ La cantidad de calor necesaria para cambiar una sustancia del estado líquido al estado gaseoso se llama calor de vaporización.

1–5 Expansión térmica

▲ La expansión térmica, o expansión de una sustancia debida al calor, puede explicarse en relación de la energía cinética de las moléculas.

Repaso de palabras claves

Define cada palabra o palabras con una oración completa.

1–1 El calor: una forma de energía
calor
molécula
transferencia de calor
conducción
conductor
aislante
convección
radiación

1–2 Temperatura y calor
energía cinética
temperatura
termómetro
escala de Celsius
escala de Kelvin
cero absoluto

1–3 Medición del calor
caloría
calor específico
calorímetro
energía potencial

1–4 El calor y los cambios de estado
cambio de estado
calor de fusión
calor de vaporización
punto de congelación
punto de fusión
punto de ebullición

1–5 Expansión térmica
expansión térmica
termostato
tira bimetálica

Chapter Review

Content Review

Multiple Choice

Choose the letter of the answer that best completes each statement.

1. The tube of a thermometer is usually filled with a(an)
   a. solid.
   b. liquid.
   c. gas.
   d. insulator.
2. When a substance is heated, its molecules
   a. move faster and farther apart.
   b. move slower and closer together.
   c. stay in the same place.
   d. become larger.
3. Heat is measured in units called
   a. degrees Celsius.
   b. kelvins.
   c. calories.
   d. specific heat units.
4. The freezing point of a substance is the same as its
   a. boiling point.
   b. evaporation point.
   c. melting point.
   d. condensation point.
5. All of the following materials are good conductors of heat except
   a. copper.
   b. silver.
   c. wood.
   d. aluminum.
6. The energy that is stored in fuels and foods is called
   a. kinetic energy.
   b. food energy.
   c. caloric energy.
   d. potential energy.
7. The phase change that takes place when a gas becomes a liquid is called
   a. evaporation.
   b. condensation.
   c. boiling.
   d. freezing.
8. A temperature of 20°C is equal to
   a. 293 K.
   b. 253 K.
   c. −253 K.
   d. −293 K.

True or False

If the statement is true, write "true." If it is false, change the underlined word or words to make the statement true.

1. Heat is transferred through liquids and gases by <u>radiation</u>.
2. Fast-moving molecules have <u>less</u> heat energy than slow-moving molecules.
3. An instrument used to measure temperature is a <u>calorimeter</u>.
4. Heat can be measured in calories or <u>kelvins</u>.
5. During a phase change, the temperature <u>does not</u> change.
6. Solid ice is <u>more</u> dense than liquid water.
7. Absolute zero is equal to the lowest reading on the <u>Kelvin</u> temperature scale.

Concept Mapping

Complete the following concept map for Section 1–1. Refer to pages Q6–Q7 to construct a concept map for the entire chapter.

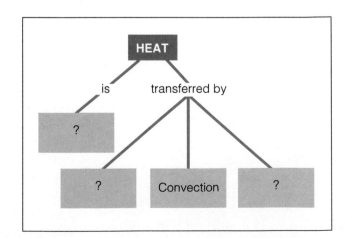

Repaso del capítulo

Repaso del contenido

Selección múltiple

Selecciona la letra de la respuesta que complete mejor cada frase.

1. Los termómetros están generalmente llenos de un
   a. sólido.
   b. líquido.
   c. gas.
   d. aislante.
2. Cuando se calienta una sustancia, sus moléculas
   a. se mueven más rápido y se separan.
   b. se mueven más despacio y se unen.
   c. permanecen en el mismo lugar.
   d. aumentan de tamaño.
3. El calor se mide en unidades llamadas
   a. grados Celsius.
   b. Kelvins.
   c. calorías.
   d. unidades de calor específico.
4. El punto de congelación de una sustancia es el mismo que su
   a. punto de ebullición.
   b. punto de evaporación.
   c. punto de fusión.
   d. punto de condensación.
5. Todos los materiales siguientes son buenos conductores del calor excepto
   a. cobre.
   b. plata.
   c. madera.
   d. aluminio.
6. La energía almacenada en los combustibles y en las comidas se llama
   a. energía cinética.
   b. energía alimenticia.
   c. energía calórica.
   d. energía potencial.
7. El cambio de estado que ocurre cuando un gas se transforma en líquido se llama
   a. evaporación.
   b. condensación.
   c. ebullición.
   d. congelación.
8. Una temperatura de 20°C es igual a
   a. 293 K.
   b. 253 K.
   c. −253 K.
   d. −293 K.

Verdadero o falso

Si la afirmación es verdadera, escribe "verdad." Si es falsa, cambia las palabras subrayadas para que sea verdadera.

1. El calor se transfiere a través de los líquidos y gases por <u>radiación</u>.
2. Las moléculas que se mueven rápido tienen <u>menos</u> energía calórica que las que se mueven despacio
3. Un <u>calorímetro</u> es un instrumento que se usa para medir la temperatura.
4. El calor puede medirse en calorías o <u>kelvins</u>.
5. Durante un cambio de estado, la temperatura <u>no</u> cambia.
6. El hielo es <u>más</u> denso que el agua.
7. El cero absoluto es igual a la temperatura más baja de la escala de <u>Kelvin</u>.

Mapa de conceptos

Completa el siguiente mapa de conceptos para la sección 1–1. Para hacer un mapa de conceptos de todo el capítulo, consulta las páginas Q6–Q7.

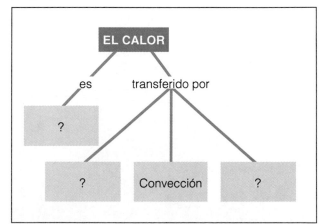

Concept Mastery

Discuss each of the following in a brief paragraph.

1. How did Count Rumford's experiment challenge the caloric theory of heat?
2. Explain why a temperature of –273°C is called absolute zero.
3. What is the relationship among work, heat, and energy?
4. Compare temperature and heat.
5. How does a thermometer make use of the property of thermal expansion?
6. Describe how a thermostat controls the temperature in a house.
7. Why does an ice cube float in water instead of sinking to the bottom of the glass?

Critical Thinking and Problem Solving

Use the skills you have developed in this chapter to answer each of the following.

1. **Applying concepts** Why is the air pressure in a car's tires different before and after the car has been driven for several hours?
2. **Interpreting graphs** Using the heating curve in Figure 1–20, explain what would happen to a 5-gram ice cube at 0°C if it were to gain 1000 calories of heat.
3. **Interpreting diagrams**
   a. In which container(s) is the heat content greatest?
   b. In which containers is the motion of molecules the same?
   c. Compare the motion of molecules in containers A and C.
   d. Compare the average kinetic energy of containers A and B.
   e. Which container needs the greatest number of calories to raise the temperature by 1 Celsius degree?

4. **Making comparisons** Compare the three methods of heat transfer in terms of how heat moves and the types of substances in which the transfer takes place.
5. **Applying concepts** Refer to the drawing of a thermos bottle in Figure 1–7 on page17. Explain the importance of the cap, vacuum, double-walled glass bottle, and air space in preventing heat transfer.
6. **Analyzing data** A chemical reaction takes place in a calorimeter. The following data are obtained:

mass of water	500 g
initial temperature of water	30°C
final temperature of water	45°C

   How much heat, in calories and kilocalories, is released in this reaction?
7. **Using the writing process** Haiku is a form of poetry that began in Japan. A haiku has three lines. The first and third lines have five syllables each. The second line has seven syllables. Haiku may be used to describe scenes in nature and to express feelings. Write a haiku describing how you might feel on a frosty winter day or a sweltering summer day.

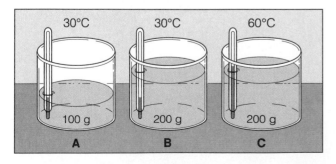

Dominio de conceptos

Comenta cada uno de los puntos siguientes en un párrafo breve.

1. ¿Cómo cuestionó el experimento del conde Rumford la teoría calórica?
2. Explica por qué se llama cero absoluto a la temperatura de −273°C.
3. ¿Cuál es la relación entre trabajo, calor y energía?
4. Compara temperatura y calor.
5. ¿Cómo utiliza un termómetro la propiedad de la expansión térmica?
6. Describe cómo un termostato controla la temperatura de una casa.
7. ¿Por qué flota un cubo de hielo en agua en vez de hundirse hasta el fondo del vaso?

Pensamiento crítico y solución de problemas

Usa las destrezas que has desarrollado en este capítulo para resolver lo siguiente.

1. **Aplicar conceptos** ¿Por qué la presión del aire en las ruedas de un automóvil es diferente antes y después de que se ha conducido durante varias horas?
2. **Interpretar gráficos** Usando la curva calórica de la figura 1–20, explica qué le pasaría a un cubo de hielo de 5 gramos a 0°C si ganara 1000 calorías.
3. **Interpretar diagramas**
   a. ¿En qué recipiente(s) es mayor el calor?
   b. ¿En qué recipientes hay el mismo movimiento de moléculas?
   c. Compara el movimiento de las moléculas en los recipientes A y C.
   d. Compara la energía cinética promedio de los recipientes A y B.
   e. ¿Qué recipiente necesita un número mayor de calorías para elevar la temperatura en un grado Celsius?

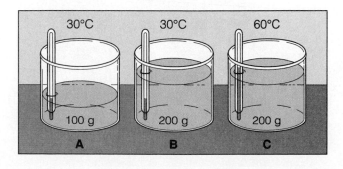

4. **Hacer comparaciones** Compara los tres métodos de transferencia del calor en relación al movimiento del calor y a los tipos de sustancias en que se produce la transferencia.
5. **Aplicar conceptos** Mira el dibujo de la botella térmica en la figura 1–7 en la página 17. Explica la importancia de la tapa, el vacío, la botella de vidrio de doble pared, y la capa de aire, para evitar la transferencia de calor.
6. **Analizar los datos** Una reacción química se produce en un calorímetro. Se obtienen los siguientes datos:

masa de agua	500 g
temperatura inicial del agua	30°C
temperatura final del agua	45°C

   ¿Cuánto calor, en calorías y kilocalorías, se libera durante esta reacción?
7. **Usar el proceso de escribir** El haiku es una forma de poesía originada en el Japón. Un haiku tiene tres líneas. La primera y la tercera tienen cada una cinco sílabas. La segunda tiene siete sílabas. El haiku se usa para describir escenas naturales y expresar sentimientos. Escribe un haiku, describiendo cómo te sentirías en un día helado de invierno o uno sofocante de verano.

Uses of Heat

Guide for Reading

After you read the following sections, you will be able to

2–1 Heating Systems
- Distinguish among various types of heating systems.

2–2 Insulation
- Explain how insulation prevents heat loss.

2–3 Cooling Systems
- Describe the operation of a cooling system.

2–4 Heat Engines
- Explain how heat engines convert heat energy into mechanical energy.

2–5 Thermal Pollution
- Define thermal pollution and discuss its effects on the environment.

The year is 2064. Across the Midwest, an area at one time called the breadbasket of the nation, desert sands cover the once-fertile fields. In Arizona, the former desert is covered with the green, leafy canopy of a rain forest. Much of the coastline of eastern New York, including the skyscrapers of Manhattan, is under water.

Does this sound like a science fiction story? Although you may think these scenes are unbelievable, they are within the realm of possibility. Scientists report that the temperature of the Earth is gradually rising due to the greenhouse effect. Like the glass in a greenhouse, carbon dioxide and other gases in the Earth's atmosphere trap infrared radiation (heat) from the sun. The result is a kind of "heat blanket" wrapped around the Earth.

If the greenhouse effect continues to raise the Earth's temperature, heat may dramatically affect your life in the future. But did you know that heat plays an important role in your daily life right now? In this chapter you will learn how heat is obtained, used, and controlled. The more we understand about heat today, the better our chances may be of avoiding the greenhouse effect in the future.

Journal *Activity*

You and Your World In your journal, describe what you think your life might be like 20 or 30 years from now if the greenhouse effect continues to cause an increase in the Earth's temperature.

◀ *An artist's conception of what Manhattan may look like in the future if the greenhouse effect continues to raise Earth's average temperature*

Usos del calor

Guía para la lectura

Después de leer las secciones siguientes, vas a poder

2–1 Sistemas de calefacción
- Distinguir diferentes sistemas de calefacción.

2–2 Aislamiento
- Explicar cómo el aislamiento evita pérdida de calor.

2–3 Sistemas de enfriamiento
- Describir el funcionamiento de un sistema de refrigeración.

2–4 Motores térmicos
- Explicar cómo los motores térmicos convierten la energía calórica en energía mecánica.

2–5 Polución térmica
- Definir la polución térmica y examinar sus efectos en el ambiente.

Es el año 2064. En todo el oeste medio, en esta región una vez llamada el granero de la nación, arenas desiertas cubren lo que fueron campos fértiles. En Arizona, el antiguo desierto esta cubierto por la bóveda verde y frondosa de un bosque tropical. Gran parte de la costa este de New York, incluyendo los rascacielos de Manhattan, está bajo el agua.

¿Te suena esto como un cuento de ciencia ficción? Aunque parezcan increíbles, estas escenas son posibles. Los científicos nos informan que la temperatura de la tierra está aumentando gradualmente debido al efecto de invernadero. Como el vidrio de un invernadero, el bióxido de carbono y otros gases en la atmósfera terrestre atrapan la radiación infraroja (calor) del sol. El resultado es un tipo de "manta calórica" que envuelve la Tierra.

Si el efecto de invernadero continúa aumentando la temperatura de la Tierra, el calor puede afectar dramáticamente tu vida en el futuro. Pero, ¿sabías que el calor juega un papel importante en tu vida diaria? En este capítulo aprenderás cómo se obtiene, se usa y se controla el calor. Cuanto más entendamos acerca del calor hoy, más posibilidades tendremos de evitar el efecto de invernadero en el futuro.

Diario *Actividad*

Tú y tu mundo En tu diario, describe cómo crees que será tu vida dentro de 20 ó 30 años si el efecto de invernadero continúa elevando la temperatura de la Tierra.

Interpretación de un artista de cómo será Manhattan en el futuro, si el efecto de invernadero continúa aumentando la temperatura promedio de la Tierra

2–1 Heating Systems

Controlling the temperature of an indoor environment is one way to use an understanding of heat for a practical application. If you have ever been in a building that was either too hot or too cold, you know the importance of a good heating system. Most office buildings, homes, and apartment houses in the United States have **central heating systems** that provide comfortable environments for daily activities. **A central heating system generates heat for an entire building or group of buildings from one central location.** After the heat is generated, it is delivered where it is needed.

Based on how the heat is delivered, central heating systems are divided into two main groups: direct systems and indirect systems. A direct system circulates warm air throughout the area to be heated. An indirect system circulates hot water or steam through

Figure 2–1 *Heating systems have certainly changed over the years as people have progressed from fires in caves to warm hearths in a country home to a modern building heated entirely by the heat given off by computers.*

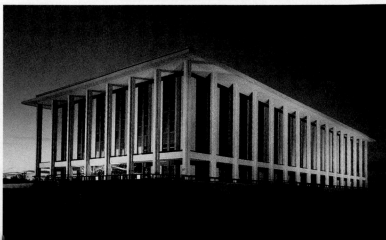

Guía para la lectura

*Piensa en esta pregunta
mientras lees.*

▶ *¿Cómo funcionan los
sistemas de calefacción
central?*

2–1 Sistemas de calefacción

Controlar la temperatura ambiente en interiores es una aplicación práctica del calor. Si alguna vez has estado en un edificio muy caliente o muy frío, sabes la importancia de un buen sistema de calefacción. La mayoría de los edificios de oficina, casas y apartamentos en los Estados Unidos tienen **sistemas de calefacción central** que proveen ambientes confortables para las actividades diarias. **Un sistema de calefacción central genera calor para un edificio entero o un grupo de edificios desde una locación central.** Después de generar el calor, éste se envía a donde se necesita.

Dependiendo de cómo se envíe el calor, los sistemas de calefacción central se dividen en dos grupos principales: sistemas directos y sistemas indirectos. El sistema directo hace circular aire caliente en las áreas a calentarse. El sistema indirecto hace circular agua caliente o vapor a través de cañerías que conducen a

Figura 2–1 *Los sistemas de calefacción han cambiado con los años y el progreso de la gente desde fogatas en cuevas, hasta chimeneas calientes en casas de campo, y modernos edificios que se calientan enteramente por medio de computadoras.*

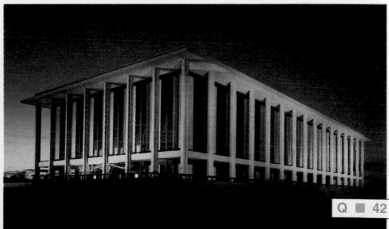

pipes that lead to convectors or radiators. The convectors or radiators then give off heat in the area to be heated. Look around your home or classroom as you read this section. Can you tell what kind of heating system is in use? How do you know?

Although there are different types of central heating systems, they all require a source of heat, such as electricity or the burning of a fuel. All central heating systems also have automatic controls. These controls regulate the temperature of the area being heated, turn off the system if any part of it becomes dangerously overheated, and prevent the system from starting if conditions are unsafe.

Hot-Water Heating

A **hot-water system** consists of a network of pipes and convectors connected to a hot-water heater. Fuel burned in the hot-water heater raises the temperature of the water to about 82°C. (Remember, the boiling point of water is 100°C.) Then the water is pumped through pipes to a convector in each room. The hot water heats the convector. The heat given off by the convector is circulated throughout the room by convection currents. After the water has lost some of its heat, it returns to the hot-water heater through another pipe.

Figure 2–2 *A hot-water heating system (left) and a steam-heating system (right) are two common central heating systems that are quite similar. What is the major difference between the two systems?*

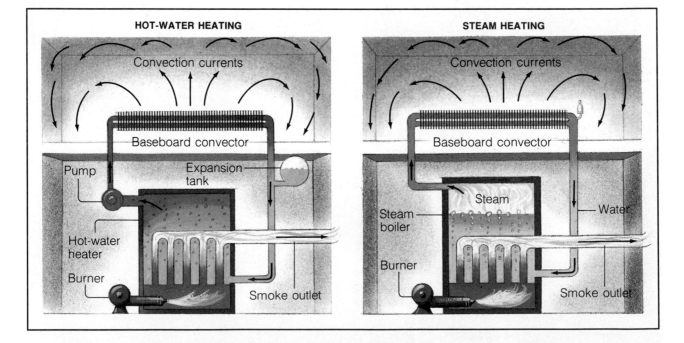

transmisores o radiadores. Éstos a su vez emiten calor en el área a calentarse. Mira alrededor de tu casa o salón de clase mientras lees esta sección. ¿Puedes decir qué tipo de sistema de calefacción está en uso? ¿Cómo lo sabes?

Aun cuando hay diferentes sistemas de calefacción central, todos requieren una fuente de calor tal como la electricidad o la quema de un combustible. Todos los sistemas de calefacción central también tienen controles automáticos. Estos controles regulan la temperatura del área calentada, apagan el sistema si alguna parte del mismo se recalienta peligrosamente, e impiden el arranque del sistema si las condiciones son inseguras.

Calefacción por agua caliente

Un **sistema de agua caliente** consiste en una red de cañerías y convectores conectados a un calentador de agua caliente. El combustible quemado en el calentador eleva la temperatura del agua a unos 82°C. (Recuerda, el punto de ebullición del agua es 100°C.) Después, el agua se bombea a través de cañerías a un convector en cada habitación. El agua calienta el convector. El calor emitido por el convector circula por la habitación por medio de corrientes de convección. Después de que el agua pierde algo de su calor, vuelve al calentador a través de otro tubo.

Figura 2–2 *El sistema de calefacción de agua (izquierda) y el sistema de calefacción de vapor (derecha) son sistemas de calefacción central similares. ¿Cuál es la principal diferencia entre ambos?*

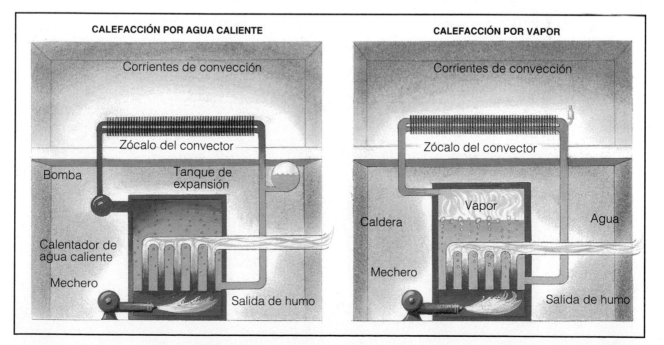

CALEFACCIÓN POR AGUA CALIENTE

Corrientes de convección

Zócalo del convector

Bomba

Tanque de expansión

Calentador de agua caliente

Mechero

Salida de humo

CALEFACCIÓN POR VAPOR

Corrientes de convección

Zócalo del convector

Vapor

Caldera

Agua

Mechero

Salida de humo

Steam Heating

A **steam-heating system** is similar to a hot-water system except that the water is changed into steam in a boiler. The steam is then forced through pipes to the convectors, where it gives off heat to the room. In giving off heat, the steam condenses, or changes from the gas phase to the liquid phase. The condensed steam, or water, then flows back to the boiler, where it is heated and changed into steam again.

Radiant Hot-Water Heating

In a **radiant hot-water system,** water is heated in a hot-water heater and then transferred to a continuous coil of pipe in the floor of each room. As heat radiates from the pipe, a nearly uniform temperature is maintained from floor to ceiling. This means that the temperature difference between the floor and the ceiling is only a few degrees. Why do you think radiant hot-water heating provides a more even temperature than steam heating or hot-water heating?

Figure 2–3 *In these central heating systems, heat is transferred by radiation. The source of heat in a radiant hot-water system (left) is hot water. In a radiant electric system (right), the source of heat is electricity.*

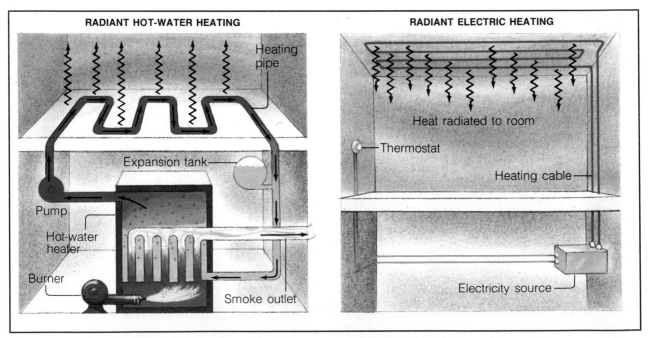

Calefacción por vapor

Un **sistema de calefacción por vapor** es similar a un sistema de agua caliente exceptuando que ahora el agua se convierte en vapor en una caldera. El vapor se envía a presión a través de tubos a los convectores, que emiten calor a la habitación. Al emitir calor, el vapor se condensa, o cambia de gas a líquido. El vapor condensado, convertido en agua, vuelve a la caldera, donde se calienta y se convierte nuevamente en vapor.

Calefacción por losa radiante

En un **sistema de losa radiante**, el agua se calienta y después es transferida a un tubo en forma de serpentín contínuo en el piso de cada habitación. Mientras el calor irradia del tubo, se mantiene una temperatura casi uniforme del piso al techo. Por lo tanto, la diferencia de temperatura entre el piso y el techo es sólo de unos pocos grados. ¿Por qué piensas que la calefacción por losa radiante provee una temperatura más pareja que la calefacción por vapor o la calefacción por agua caliente?

Figura 2–3 *En estos sistemas de calefacción central, el calor se transfiere por radiación. La fuente de calor en un sistema por losa radiante (izquierda) es agua caliente. En un sistema eléctrico radiante (derecha), la fuente de calor es electricidad.*

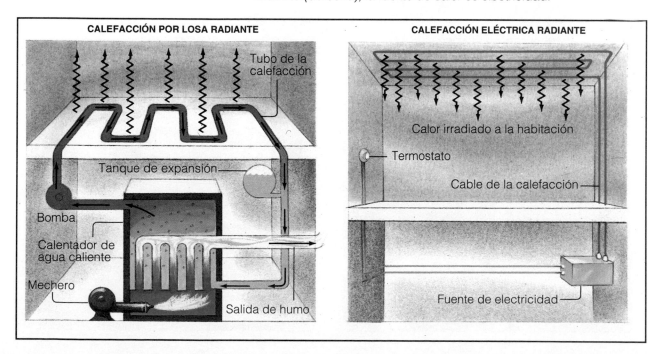

Radiant Electric Heating

The source of heat for a **radiant electric system** is electricity. As electricity passes through wires or cables, the wires or cables resist the flow of electricity. As a result of this resistance, heat is produced. Think of the coils of wire in a toaster. As electricity passes through the wire, the heat produced toasts your bread or muffin.

The wires or cables in a radiant electric system can be installed in the ceiling, floor, baseboards, or walls of a room. The heat produced is radiated to all parts of the room. A thermostat, which is often installed in each room or local area, controls the amount of heat produced by the wires or cables.

Warm-Air Heating

A **warm-air system** consists of a furnace, a blower, pipelike connections called ducts, and vents that open into each room to be heated. The furnace heats the air, which is then forced by the blower through the ducts to the vents. Convection currents keep the warm air moving as it transfers its heat to the surrounding air. Cool air returns to the furnace by a separate duct. As the air circulates, filters remove dust particles.

Figure 2–4 *In a warm-air system (left), hot air from a furnace is forced to vents through pipelike connections called ducts. How is heat transferred in this system? A heat-pump system (right) takes heat from the outside and brings it inside—even in cold weather! What two phase changes are involved in this heating system?*

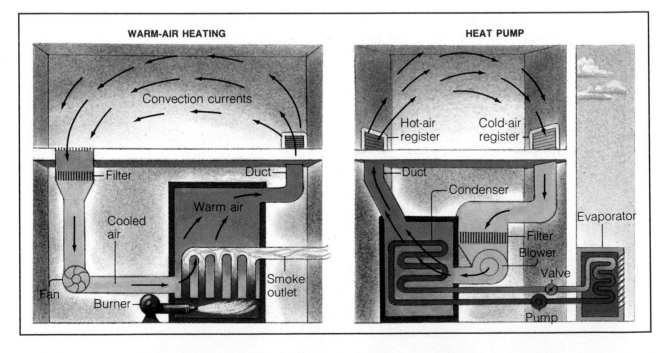

Calefacción eléctrica radiante

La fuente de calor de un **sistema eléctrico radiante** es la electricidad. Cuando la electricidad pasa por cables o alambres, éstos resisten el flujo de la electricidad. Como resultado de esta resistencia, se produce el calor. Piensa en el serpentín de alambre de una tostadora. Cuando la electricidad pasa por el alambre, el calor producido tuesta tu pan o "muffin."

Los alambres o cables en un sistema eléctrico radiante pueden instalarse en el techo, piso, zócalos o paredes de la habitación. El calor producido se irradia a través de toda la habitación. Un termostato, casi siempre instalado en cada habitación o área local, controla la cantidad de calor producido por los alambres o cables.

Calefacción por aire caliente

Un **sistema de aire caliente** consta de un horno, un ventilador, caños de conexión llamados conductos, y aberturas en cada habitación. El horno calienta el aire, que es enviado a presión por el ventilador a través de los conductos y aberturas. Corrientes de convección mantienen el aire caliente en movimiento, mientras éste transfiere su calor al ambiente. El aire frío retorna al horno por un conducto separado. Mientras el aire circula, los filtros eliminan las partículas de polvo.

Figura 2–4 *En un sistema de aire caliente (izquierda), el aire caliente del horno circula a presión a través de los conductos hasta las aberturas. ¿Cómo se transfiere el calor en este sistema? Un sistema de bomba de calor (derecha) toma el calor de afuera y lo trae adentro—¡aún en invierno! ¿Cuáles son los dos cambios de estado involucrados en este sistema de calefacción?*

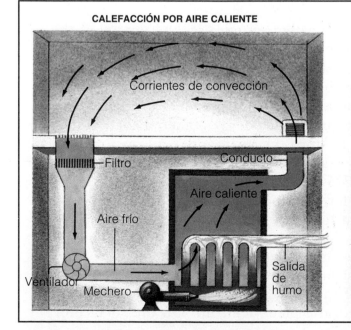

CALEFACCIÓN POR AIRE CALIENTE

Corrientes de convección

Filtro

Conducto

Aire caliente

Aire frío

Ventilador

Mechero

Salida de humo

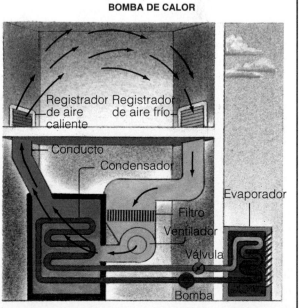

BOMBA DE CALOR

Registrador de aire caliente

Registrador de aire frío

Conducto

Condensador

Evaporador

Filtro

Ventilador

Válvula

Bomba

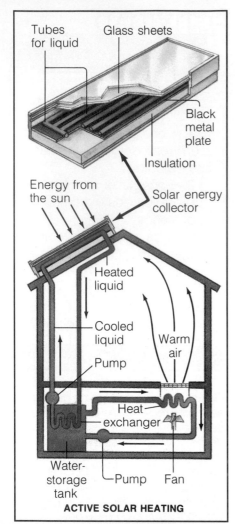

Tubes for liquid — Glass sheets

Black metal plate

Insulation

Energy from the sun

Solar energy collector

Heated liquid

Cooled liquid

Warm air

Pump

Heat exchanger

Water-storage tank — Pump — Fan

ACTIVE SOLAR HEATING

Figure 2–5 *Water in the solar panel of an active solar system is heated by the sun and piped to a storage tank. Here it heats water in the water tank. This heated water then circulates through pipes to heat the house. Why is the metal plate in the solar panel painted black?*

Heat Pumps

A **heat-pump system** is based on the principle that the Earth or outside air contains heat energy that can be used to heat an indoor area—even in cold weather! What a heat pump actually does is take heat from outside a building and bring it inside.

Through a coil outside the building that is to be heated, a heat pump circulates a liquid that evaporates (changes from the liquid phase to the gas phase) at a low temperature. As the liquid passes through the coil, it picks up heat from the air or the ground. Eventually the liquid gains enough heat to change to a gas. The gas travels into a compressor, where an increase in pressure results in an increase in temperature. The hot gas then passes to a coil inside the building, where it heats the air. The warm air is forced through ducts and circulated through each room just as in a warm-air system.

Once the hot gas has given off its heat, it condenses into a hot liquid. The hot liquid is then cooled as it passes through a pressure-reducing valve. Finally, the cooled liquid is pumped into the outdoor coil to begin the process all over again. What might be some disadvantages in this type of heating system?

Solar Heating

A **solar-heating system** uses the energy of the sun to produce heat. There are two basic types of solar-heating systems: active solar heating and passive solar heating.

An **active solar-heating system** includes a device for collecting solar energy (called a solar collector), a place to store the heat, and a means for circulating the heat throughout a building. The diagram in Figure 2–5 shows a typical active solar-heating system. Refer to the diagram as you read the description that follows.

The solar collector, also called a flat-plate collector, consists of a metal plate painted black on the side that faces the sun. (Black absorbs sunlight better than any other color.) As the sunlight is absorbed, the plate heats up. On the surface of

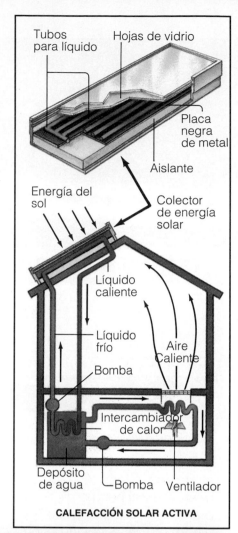

Tubos para líquido
Hojas de vidrio
Placa negra de metal
Aislante
Energía del sol
Colector de energía solar
Líquido caliente
Líquido frío
Aire Caliente
Bomba
Intercambiador de calor
Depósito de agua
Bomba
Ventilador

CALEFACCIÓN SOLAR ACTIVA

Figura 2–5 *El agua en el panel solar de un sistema solar activo se calienta por el sol y se envía a un tanque de depósito. Aquí, calienta el agua del tanque. Esta agua caliente circula entonces a través de tubos para calentar la casa. ¿Por qué la placa de metal de un panel solar es negra?*

Bombas de calor

Un **sistema de bomba de calor** está basado en el principio de que la Tierra o el aire del exterior, contiene energía calórica que puede usarse para calentar un área interior—¡aun en invierno! Lo que una bomba de calor hace es tomar calor de afuera de un edificio y traerlo hacia adentro.

A través de un serpentín calentado fuera del edificio, una bomba de calor hace circular un líquido que se evapora (cambia de estado líquido a estado gaseoso) a una temperatura baja. A medida que el líquido pasa a través del serpentín, recoje calor del aire o la tierra y se calienta, transformandose en gas. El gas circula dentro de un compresor, donde un aumento de la presión produce un aumento de la temperatura. El gas caliente pasa entonces a un serpentín dentro del edificio donde calienta el aire. El aire caliente se conduce a través de conductos y circula por cada habitación como en un sistema de aire caliente.

Una vez que el gas caliente ha transmitido su calor, se condensa en un líquido caliente. El líquido caliente se enfría cuando pasa por una válvula que reduce la presión. Finalmente, el líquido frío se bombea dentro del serpentín externo para empezar todo el proceso de nuevo. ¿Cuáles pueden ser algunas desventajas de este sistema de calefacción?

Calefacción solar

El **sistema de calefacción solar** usa la energía del sol para producir calor. Hay dos tipos básicos de calefacción solar: calefacción solar activa y calefacción solar pasiva.

El **sistema de calefacción solar activa** incluye un dispositivo para recoger energía solar (llamado colector solar), un lugar donde almacenar el calor, y dispositivos para hacer circular el calor por todo el edificio. El diagrama en la figura 2–5 muestra un típico sistema de calefacción solar activo. Refiérete al diagrama a medida que leas la descripción que sigue.

El colector solar, también llamado colector de placa lisa, consiste en una placa de metal pintada de negro en la cara que da al sol. (El negro absorbe la luz del sol mejor que cualquier otro color.) A medida que la luz del sol es absorbida, la placa se calienta. En la superficie de la placa hay un

Let the Sun Shine In, p.78

Figure 2–6 *In the Mojave Desert, California, hundreds of mirrors in an array called Solar One reflect solar radiation onto a tower filled with water. How might the heated water in the tower be used?*

the plate is an array of metal tubing. Water, or some other liquid, circulates through the tubing. The tubing is covered by glass or clear plastic to keep it from losing heat. Why do you think glass or clear plastic is used for this purpose?

As sunlight strikes the collector, heat is absorbed. The heat absorbed by the collector is transferred to the water. The heated water flows through a tube into a storage tank. Here the heat from the water in the tube is transferred to the water in the tank by a heat exchanger in the tank. The hot water circulates through pipes to heat the building or to heat air blown into the building. In the meantime, a pump returns the cool water to the collector to be reheated by the sun. On cloudy days, when the solar collector cannot absorb enough solar energy to produce hot water and the storage system has cooled, a backup heating system is used.

In a **passive solar-heating system,** a building is heated directly by the rays of the sun. To get the most heat from a passive solar system, the building must be designed with the placement, size, and orientation of the windows in mind.

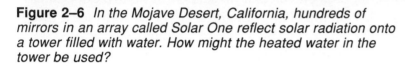

Black and White

Try this activity to demonstrate the effect of color on heat. You will need a piece of black construction paper, a piece of white construction paper, a candle, and an electric light bulb.

1. Light the candle. **CAUTION:** *Be careful when using an open flame.* Let one drop of wax from the candle fall on each piece of construction paper. Blow out the candle.

2. Hold both pieces of construction paper exactly the same distance from an electric light bulb. On which piece of paper does the wax melt first?

■ If you want to keep cool on a hot summer day, should you wear dark-colored clothes or light-colored clothes? Why?

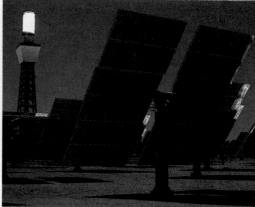

Pozo de actividades

Dejemos que entre el sol, p. 78

Figura 2–6 *En el Desierto de Mojave, en California, cientos de espejos en serie llamados Solar Uno reflejan la radiación solar sobre una torre llena de agua. ¿Cómo podría usarse el agua calentada de la torre?*

conjunto de cañerías de metal. Agua u otro líquido circula por las tuberías, que están cubiertas por vidrio o plástico transparente para conservar el calor. ¿Por qué crees que estos materiales conservan el calor?

A medida que la luz solar cae sobre el colector, éste absorbe el calor. Este calor absorbido se transfiere al agua. El agua caliente fluye a través de un tubo hacia un tanque de depósito. Aquí el calor del agua del tubo se transfiere al agua del tanque por medio de un intercambiador de calor en el tanque. El agua caliente circula a través de conductos para calentar el edificio o para calentar el aire introducido en el edificio. Mientras tanto, una bomba devuelve el agua fría al colector para que el sol la caliente. En días nublados, cuando el colector solar no puede absorber suficiente energía solar para producir agua caliente y el sistema de depósito se ha enfriado, se utiliza un sistema de calefacción de repuesto.

En el **sistema de calefacción solar pasiva**, el edificio se calienta directamente por los rayos del sol. Para obtener el máximo calor de un sistema solar pasivo, el edificio debe ser diseñado teniendo en cuenta la ubicación, tamaño y orientación de las ventanas.

ACTIVIDAD
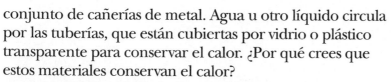

PARA AVERIGUAR

Blanco y negro

Ensaya esta actividad para demostrar el efecto del color en el calor. Necesitarás un pedazo de cartulina negra, otro de cartulina blanca, una vela y un bombillo de luz eléctrica.

1. Enciende la vela. **CUIDADO:** *Ten cuidado cuando prendas la llama.* Deja caer una gota de cera de la vela sobre cada pedazo de papel de construcción. Apaga la vela.

2. Sosten ambos pedazos de cartulina a la misma distancia del bombillo de luz eléctrica. ¿En cuál pedazo de cartulina se derrite primero la cera?

■ Si quieres mantenerte fresca(o) en un día caliente de verano, ¿deberías usar ropa de color oscuro o claro? ¿Por qué?

ACTIVITY

Heat From the Sun

1. Place a piece of paper on a flat surface in direct sunlight.

2. Hold a small magnifying glass (such as a hand lens) above the paper.

3. Position the magnifying glass so that the sun's rays are focused to a point on the paper. What happens to the paper? Why?

Because of the variations in the amount of solar energy received at a particular location, passive solar systems are usually not the only source of heat for a building. A backup heating system usually must be used with a passive solar system. The backup system provides heat when sunlight is not available or when the heat collected during the day is not enough to keep the building warm on a cold night. What conditions do you think affect the amount of solar energy a location receives?

Figure 2–7 *To keep itself warm on cold days, this iguana basks in the sun. Is the iguana using a form of active or passive solar heating?*

2–1 Section Review

1. What is a central heating system?
2. How does a steam-heating system differ from a hot-water system?
3. Describe how a radiant electric system produces heat. Why is this system different from other central heating systems?
4. What is the basic difference between an active solar-heating system and a passive solar-heating system?

Critical Thinking—*Sequencing Events*
5. Describe in order the heat transfers and phase changes involved in a heat-pump system.

Calor del sol

1. Coloca un pedazo de papel sobre una superficie plana expuesta al sol.

2. Sostiene una pequeña lupa arriba del papel.

3. Coloca la lupa de manera que los rayos del sol estén enfocados en un punto del papel. ¿Qué le pasa al papel? ¿Por qué?

Debido a la cantidad variable de energía solar que recibe un lugar determinado, los sistemas solares pasivos no son normalmente la única fuente de calor de un edificio. Un sistema de calefacción de repuesto debe usarse generalmente con un sistema solar pasivo. El sistema de repuesto proporciona calor cuando no hay luz solar o cuando el calor recogido durante el día no es suficiente para mantener el edificio caliente en una noche fría. ¿Qué condiciones crees que determinan la cantidad de energía solar que recibe un lugar?

Figura 2–7 *Para mantenerse caliente en días fríos, la iguana se calienta al sol. ¿Qué tipo de calefacción solar esta usando la iguana, pasiva o activa?*

2–1 Repaso de la sección

1. ¿Qué es un sistema de calefacción central?

2. ¿En qué se diferencia un sistema de calefacción por vapor de un sistema por agua caliente?

3. Describe cómo un sistema eléctrico radiante produce calor. ¿Por qué es este sistema diferente de otros sistemas de calefacción central?

4. ¿Cuál es la diferencia básica entre un sistema de calefacción solar activa y un sistema de calefacción solar pasiva?

Pensamiento Crítico—*Ordenar eventos*

5. Describe en orden las transferencias de calor y los cambios de estado en un sistema de bomba de calor.

2–2 Insulation

What happens after a central heating system brings heat into a building? Once heat is brought into a room or building, it will quickly begin to escape if the area does not have proper **insulation.** Recall from Chapter 1 that insulating materials reduce heat transfer because they are poor conductors of heat. **Insulation prevents heat loss by reducing the transfer of heat that occurs by conduction and convection.**

A common insulating material is **fiberglass.** Fiberglass consists of long, thin strands of glass packed together. In between the strands of glass are air spaces. Glass is a poor conductor of heat. So is the air that is trapped between the glass fibers. A down-filled vest or jacket uses the same principle to keep you warm in winter. Air trapped in the spaces between the down prevents the loss of body heat. (Down is the inner layer of soft, fluffy feathers on birds such as ducks and geese. How do you think down feathers help keep birds warm?)

Insulating materials are packed beneath roofs and in the outside walls of buildings. Insulation can also be used around doors and windows. This type

Guide for Reading

Focus on these questions as you read.
▶ *What is insulation?*
▶ *How does insulation prevent heat loss?*

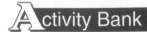

Activity Bank

Turn Down the Heat, p.79

Figure 2–8 *How does insulation protect the polar bear, the bison, and the geese from the cold?*

2–2 Aislamiento

¿Qué pasa después de que un sistema de calefacción central calienta un edificio? Una vez que el calor llega a la habitación o al edificio, escapará rápidamente si el área no tiene **aislamiento** apropiado. Recuerda del capítulo 1 que los materiales aislantes reducen la transferencia de calor porque son pobres conductores del calor. **El aislamiento evita la pérdida de calor reduciendo la transferencia de calor que se produce por conducción y convección.**

Un aislante común es la **fibra de vidrio**. La fibra de vidrio consiste en largos y finos filamentos de vidrio compactados. Entre los filamentos de vidrio hay espacios de aire. El vidrio es un pobre conductor de calor. También lo es el aire atrapado entre las fibras de vidrio. Una chaqueta forrada en plumón usa el mismo principio para mantenerte caliente en el invierno. El aire atrapado entre los espacios del plumón evita la pérdida de calor del cuerpo. (El plumón es la capa interna de plumas suaves y blandas de pájaros como patos y gansos. ¿Cómo crees que el plumón ayuda a los pájaros a mantenerse calientes?)

Los materiales aislantes se colocan bajo los techos y en las paredes externas de los edificios. El aislamiento puede también usarse alrededor de puertas y ventanas.

Guía para la lectura

Piensa en estas preguntas mientras lees.

▶ *¿Qué es el aislamiento?*
▶ *¿Cómo evita el aislamiento la pérdida de calor?*

Pozo de actividades

Baja la calefacción, p. 79

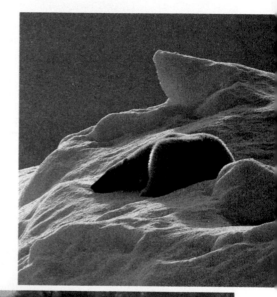

Figura 2–8 *¿Cómo el aislamiento del frío protege al oso polar, al bisonte y al ganso?*

Figure 2–9 *Invisible heat energy, or infrared energy, can be "seen" by using a device called a thermograph. This thermogram, or heat picture, reveals heat loss from a house. Generally, the lighter and brighter the color, the greater the heat loss. How can a thermogram be useful to homeowners?*

ACTIVITY

WRITING

What Is the Value of Insulation?

The effectiveness of an insulating material is measured according to its R-value. Using books and other reference materials from the library, find out what the R-value of insulating materials is based on. Look up the R-values of common insulating materials such as brick, concrete, ceramic tile, stucco, fiberglass, wood, and plastic foam. Rank the materials according to their effectiveness.

of insulation is called weatherstripping. Weatherstripping prevents heat loss by closing off spaces through which heat can be transferred by convection. Double-pane window glass is another effective insulator. The air trapped between the panes of glass does not conduct heat well. In addition, the air space is so small that heat transfer by convection cannot take place.

A well-insulated building is as comfortable in hot weather as it is in cold weather. In cold weather, insulation keeps heat inside the building. In hot weather, the insulation keeps heat out. The building is kept relatively cool as heat from the outside is prevented from entering the building by either conduction or convection. Good insulation also helps lower fuel costs. Why do you think this is so?

Figura 2–9 *La energía calórica invisible, o energía infrarroja, puede ser "vista" usando un dispositivo llamado termógrafo. Este termógrafo, o cuadro térmico, revela pérdida de calor de una casa. Generalmente, mientras más claro y brillante sea el color, más será el calor perdido. ¿Cómo puede ser útil un termógrafo para los propietarios de casas?*

Este tipo de aislamiento se llama de tiras aislantes. Éste evita la pérdida de calor cerrando los espacios a través de los cuales el calor puede ser transferido por convección. La ventana de vidrio de doble panel es otro aislante efectivo. El aire atrapado entre los paneles de vidrio no conduce bien el calor. Además, el espacio de aire es tan pequeño que el calor no puede transferirse por convección.

Un edificio bien aislado es tan confortable en un clima caliente como en clima frío. En un clima frío, el aislamiento mantiene el calor dentro del edificio. En un clima caliente, mantiene el calor afuera. El edificio se mantiene relativamente fresco mientras se evita que el calor entre al edificio por conducción o convección. Un buen aislamiento también contribuye a disminuir los costos de combustible. ¿Por qué crees que es así?

2–2 Section Review

1. What is insulation? What is the purpose of insulation?
2. How does fiberglass prevent heat loss?
3. Why is good insulation important in both hot weather and cold weather?
4. Explain how insulation prevents heat loss by both conduction and convection.

Connection—*You and Your World*
5. The cardboard used to make pizza boxes is naturally brown in color. Why would the companies that manufacture the boxes spend extra money to make them white? What else could they do to the boxes to make them better insulators?

Figure 2–10 *Believe it or not, blocks of ice can be used to insulate a home, as this Eskimo of the Arctic Circle well knows. How is an igloo insulated?*

2–3 Cooling Systems

Have you ever had this experience? On a hot summer day, you jump into a swimming pool to cool off. After climbing out of the swimming pool, you feel a chill—even though the sun is just as hot as it was before you got wet. What causes this cooling effect? The cooling effect is due to evaporation. The water molecules on your skin absorb heat from your body as the water evaporates, or changes from the liquid phase to the gas phase. This absorption of heat lowers your body temperature. Thus evaporation is a cooling process.

You can test the cooling effect of evaporation for yourself. Put a drop of water on the back of your hand. Now blow gently on your hand. Which feels cooler: the wet skin or the dry skin? How does perspiration help cool you when you are overheated?

The process of evaporation is used by cooling systems to remove heat energy from a room, building, or other enclosed space. Refrigerators, air conditioners, and dehumidifiers all contain **cooling systems.**

A cooling system consists of four basic parts: a storage tank, a freezer unit, a compressor, and

Guide for Reading

Focus on this question as you read.

▶ *How does a cooling system work?*

2-2 Repaso de la sección

1. ¿Qué es el aislamiento? ¿Cuál es el propósito del aislamiento?
2. ¿Cómo la fibra de vidrio evita la pérdida de calor?
3. ¿Por qué es importante un buen aislamiento tanto en un clima frío como en uno caliente?
4. Explica cómo el aislamiento evita pérdida de calor por conducción y convección.

Conexión—*Tú y tu mundo*

5. El cartón que se usa para hacer cajas de pizza es de color marrón natural. ¿Por qué las compañías que fabrican las cajas gastan dinero extra para hacerlas blancas. ¿Qué más podrían hacerle a las cajas para convertirlas en mejores aislantes?

Figura 2–10 *Lo creas o no, los bloques de hielo pueden ser usados para aislar una casa, como este esquimal del Círculo Ártico lo sabe bien. ¿Cómo se aisla un iglú?*

2-3 Sistemas de enfriamiento

¿Has tenido alguna vez esta experiencia? En un día caluroso de verano, saltas a la piscina para refrescarte. Después de salir de la piscina, sientes frío— aun cuando el sol está tan caliente como antes de mojarte. ¿Qué causa este efecto de enfriamiento? El efecto de enfriamiento se debe a la evaporación. Las moléculas de agua en tu piel absorben calor de tu cuerpo mientras el agua se evapora o cambia de estado líquido a estado gaseoso. Esta absorción de calor disminuye la temperatura de tu cuerpo. Por lo tanto, la evaporación es un proceso de enfriamiento.

Tú mismo puedes probar el efecto de enfriamiento de la evaporación. Pon una gota de agua en la palma de tu mano. Sopla suavemente sobre tu mano. ¿Cuál se siente más fría: la piel mojada o la piel seca? ¿Cómo ayuda la transpiración a refrescarte cuando estás acalorado?

El proceso de evaporación se usa en sistemas de enfriamiento para eliminar la energía calórica de una habitación, edificio u otro espacio cerrado. Los refrigeradores, acondicionadores y deshumidificadores, todos contienen **sistemas de enfriamiento.**

Un sistema de enfriamiento consta de cuatro partes básicas: un tanque de depósito, un congelador, un

Guía para la lectura

Piensa en esta pregunta mientras lees.

▶ *¿Cómo funciona un sistema de enfriamiento?*

condenser coils. A cooling system also contains a refrigerant. The refrigerant is the liquid that is evaporated. Refrigerants evaporate at a low temperature. Many cooling systems use Freon (FREE-ahn) as the refrigerant. Another common refrigerant is ammonia.

The diagram in Figure 2–11 shows how a typical refrigerator system works. Liquid Freon in the storage tank is pumped to the freezer unit. As the liquid refrigerant evaporates, it absorbs heat from the freezer compartment. So the inside of the refrigerator becomes cool. The Freon gas then flows to a compressor, where the pressure of the gas (and its temperature) is increased. The hot gaseous Freon then passes through the condenser coils, where it loses its heat and changes back into a liquid. The liquid Freon then returns to the storage tank and the process begins again.

The heat removed from the freezer compartment of a refrigerator is radiated from the condenser coils to the outside air. The condenser coils are often

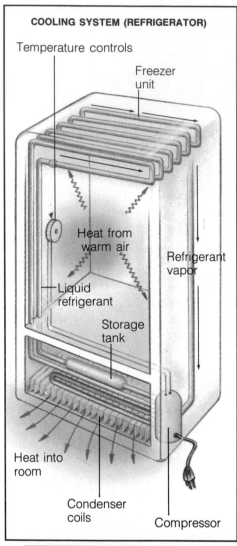

COOLING SYSTEM (REFRIGERATOR)

Temperature controls

Freezer unit

Heat from warm air

Refrigerant vapor

Liquid refrigerant

Storage tank

Heat into room

Condenser coils

Compressor

Figure 2–11 *Without refrigeration systems, ice hockey could not be an indoor sport. In this diagram, you can see how the basic parts of a refrigerator work as a cooling system. What phase change takes place in the freezer unit? In the condenser coils?*

compresor y y un serpentín condensador. Un sistema de enfriamiento también contiene un refrigerante. El refrigerante es el líquido que se evapora. Los refrigerantes se evaporan a baja temperatura. Muchos sistemas de enfriamiento utilizan freón como refrigerante. Otro refrigerante común es el amoníaco.

El diagrama en la figura 2–11 muestra cómo funciona un sistema de enfriamiento típico. El freón líquido en el tanque de depósito es impulsado hacia el congelador. Mientras el líquido refrigerante se evapora, va absorbiendo calor del compartimiento del congelador. De esta forma, el interior del refrigerador se enfría. Entonces el gas freón fluye dentro de un compresor donde la presión del gas (y su temperatura) aumenta. El gas freón caliente pasa entonces a través del serpentín condensador, donde pierde su calor y se convierte de nuevo en líquido. El freón líquido regresa al tanque de depósito y el proceso comienza otra vez.

El calor proveniente del compartimiento del congelador, irradia del serpentín condensador al aire externo. El serpentín condensador está generalmente

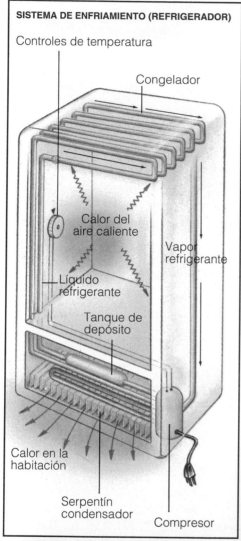

SISTEMA DE ENFRIAMIENTO (REFRIGERADOR)

Controles de temperatura

Congelador

Calor del aire caliente

Vapor refrigerante

Líquido refrigerante

Tanque de depósito

Calor en la habitación

Serpentín condensador

Compresor

Figura 2–11 *Sin sistemas de refrigeración, el hockey sobre hielo no podría ser un deporte bajo techo. En este diagrama, puedes ver cómo las partes básicas de un refrigerador funcionan como sistema de enfriamiento.¿Qué cambio de estado se produce en el congelador? ¿En el serpentín condensador?*

PROBLEM Solving

Freon and the Ozone Layer

High in the Earth's atmosphere is a layer of gas called the ozone layer. Ozone is a form of oxygen. The ozone layer blocks harmful ultraviolet radiation from the sun from reaching the Earth. (Ultraviolet radiation can cause certain types of skin cancer.) The Freon used in refrigerators eventually escapes into the atmosphere and reaches the ozone layer, where it changes some of the ozone into oxygen. Not too long ago, scientists discovered a "hole" in the ozone layer over Antarctica.

This satellite map shows severe holes (blue areas) in the ozone layer over Antarctica.

Relating Cause and Effect

1. What might happen to the ozone layer if more and more Freon is produced and released into the atmosphere?

2. What effect might this have on human health?

3. What do you think might be done in the future to help protect the ozone layer?

---

located on the back of a refrigerator. Fans are sometimes used to blow away the air that is heated by the coils. You should be careful not to touch the coils, which can become quite hot. Although you may think it sounds strange, you can burn yourself on a refrigerator!

2–3 Section Review

1. How does a cooling system use the process of evaporation?
2. What are the basic parts of a cooling system?
3. What is a refrigerant? What happens to the refrigerant in a cooling system?

Connection—*You and Your World*

4. Is it a good idea to try to cool a room by opening the door of the refrigerator? Why or why not?

ACTIVITY DOING

Evaporation and Cooling

1. Place a drop of water on the back of your hand. How does your hand feel as the water evaporates?

2. Repeat step 1 using a drop of rubbing alcohol. Is there any difference in the rate of evaporation?

3. Wrap a small piece of wet cotton around the bulb of a thermometer. Fan it gently with a piece of cardboard. What happens to the temperature?

PROBLEMA
a resolver

El freón y la capa de ozono

Arriba en la atmósfera terrestre hay una capa de gas llamada capa de ozono. El ozono es una forma de oxígeno. La capa de ozono bloquea la dañina radiación ultravioleta del sol. (La radiación ultravioleta puede causar ciertos tipos de cancer de piel.) Eventualmente, el freón usado en los refrigeradores vuelve a la atmósfera y alcanza la capa de ozono donde cambia parte del ozono en oxígeno. No hace mucho tiempo, los científicos descubrieron un "agujero" en la capa de ozono sobre la Antártica.

Este mapa satélite muestra varios agujeros (áreas azúles) en la capa de ozono sobre la Antártica.

Relacionar causa y efecto

1. ¿Qué le puede pasar a la capa de ozono si se produce más y más freón y libera en la atmósfera?

2. ¿Qué efecto puede tener esto en la salud humana?

3. ¿Qué crees que pueda hacerse en el futuro para ayudar a proteger la capa de ozono?

---

localizado en la parte trasera del refrigerador. Los ventiladores se utilizan a veces para eliminar el aire caliente del serpentín. Debes evitar tocar el serpentín, pues puede calentarse bastante. ¡Aun cuando te parezca extraño, puedes quemarte con el refrigerador!

2–3 Repaso de la sección

1. ¿Cómo un sistema de enfriamiento utiliza el proceso de evaporación ?

2. ¿Cuáles son las partes básicas de un sistema de enfriamiento?

3. ¿Qué es un refrigerante? ¿Qué le pasa al refrigerante en un sistema de enfriamiento?

Conexión—*Tú y tu mundo*

4. ¿Es una buena idea tratar de enfriar una habitación abriendo la puerta del refrigerador? ¿Por qué si o por qué no?

ACTIVIDAD
PARA HACER

Evaporación y enfriamiento

1. Coloca una gota de agua en la palma de tu mano. ¿Cómo sientes tu mano a medida que el agua se evapora?

2. Haz lo mismo con una gota de alcohol. ¿Hay alguna diferencia en la velocidad de evaporación?

3. Envuelve un pedazo pequeño de algodón mojado alrededor del bombillo de un termómetro. Abanícalo despacio con un cartón. ¿Qué le pasa a la temperatura?

2–4 Heat Engines

You learned in Chapter 1 that the experiments of Rumford and Joule showed that work produces heat. **Heat engines** make use of the reverse process. **Heat engines are machines that convert heat energy into mechanical energy in order to do work.** (Any form of energy, such as heat, can be converted into any other form of energy.) Mechanical energy is the energy associated with motion. What is another name for energy of motion?

All heat engines involve **combustion.** Combustion is the burning of a fuel. During combustion, a fuel is heated to a temperature at which it combines with oxygen in the air and gives off heat. Heat engines are classified into two main types according to where combustion takes place.

External-Combustion Engines

In an **external-combustion engine,** fuel is burned outside the engine. The steam engine is an example of an external-combustion engine. In a steam engine, steam is heated in a boiler outside the engine and then passed through a valve into the engine. In early steam engines, the steam pushed

Figure 2–12 *An external-combustion engine, as shown in the diagram, converts heat energy into mechanical energy. The wheels of a steam train are powered by an external-combustion engine.*

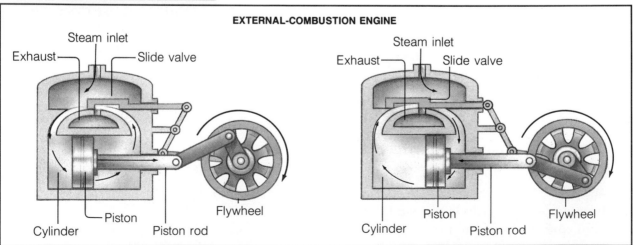

EXTERNAL-COMBUSTION ENGINE

Steam inlet

Exhaust — Slide valve

Cylinder — Piston — Piston rod — Flywheel

Steam inlet

Exhaust — Slide valve

Cylinder — Piston — Piston rod — Flywheel

Piensa en esta pregunta mientras lees.

▶ *¿Cómo los motores térmicos usan la energía calórica para funcionar?*

2–4 Motores térmicos

Aprendiste en el capítulo 1 que los experimentos de Rumford y Joule mostraron que el trabajo produce calor. Los **motores térmicos** hacen uso del proceso contrario. **Los motores térmicos son máquinas que convierten la energía calórica en energía mecánica para funcionar.** (Cualquier forma de energía, tal como el calor, puede convertirse en otra forma de energía.) La energía mecánica es la energía asociada con el movimiento. ¿Qué otro nombre se le da a la energía del movimiento?

Todo motor térmico involucra **combustión**. La combustión es la quema de un combustible. Durante la combustión, un combustible se calienta a una temperatura en la cual se combina con el oxígeno del aire y emite calor. Los motores térmicos se clasifican en dos tipos según el del lugar en donde se produce la combustión.

Motores de combustión externa

En un **motor de combustión externa**, el combustible se quema fuera del motor. La máquina de vapor es un ejemplo de motor de combustión externa. En una máquina de vapor, el vapor se calienta en una caldera externa y después pasa a través de una válvula al motor. En las primeras máquinas de vapor, el vapor era

Figura 2–12 *Un motor de combustión externa, como el que se muestra en el diagrama, convierte la energía calórica en energía mecánica. Las ruedas de un tren de vapor son impulsadas por un motor de combustión externa.*

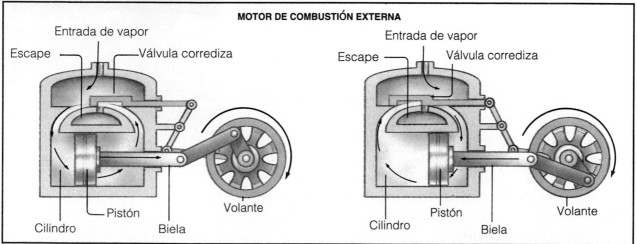

MOTOR DE COMBUSTIÓN EXTERNA

against a metal plate called a piston, which moved back and forth in a tube called a cylinder. The movement of the piston transferred mechanical energy to a connecting rod, which then did some kind of work, such as turning the wheels of a train or the propellers of a steamship.

Modern steam engines do not use a piston and a cylinder. Instead, steam under great pressure is passed through holes onto paddle wheels called turbines. The turbines, which rotate like high-speed windmills, produce mechanical energy. A steam turbine is more efficient than a piston and a cylinder because it wastes less energy.

Internal-Combustion Engine

When the burning of a fuel takes place inside an engine, the engine is called an **internal-combustion engine.** A familiar type of internal-combustion engine is the gasoline engine, which powers most cars.

Most gasoline engines are four-stroke engines. The diagram in Figure 2–13 on page 56 shows the four strokes that make up each cycle in a gasoline engine. In the first stroke, the piston inside the cylinder moves down and the intake valve opens. Gasoline that was changed from a liquid to a gas and mixed with air in the carburetor (KAHR-buh-rayt-er) enters the cylinder through the intake valve. This process is the intake stroke.

The intake valve closes and the piston moves to the top of the cylinder. As it does, the gaseous mixture is compressed, or squeezed together, so that the volume of the mixture is greatly reduced. This process is the compression stroke.

At this point in the four-stroke cycle, with both valves closed, a spark plug produces an electric spark that ignites the compressed fuel mixture. The explosion of hot gases increases the volume of the mixture and forces the piston back down in the cylinder. This is the power stroke. At this point energy is transferred from the piston to the wheels of the car by a series of shafts and gears.

In the final stroke, the exhaust valve opens. The piston moves to the top of the cylinder and expels gases through the exhaust valve. This process is called the exhaust stroke.

empujado contra una placa de metal llamada pistón, la cual se movía hacia adelante y hacia atrás en un tubo llamado cilindro. El movimiento del pistón transfería energía mecánica a una biela motriz, la cual hacía algún tipo de trabajo, como hacer rotar las ruedas del tren o las hélices de un barco de vapor.

Las máquinas de vapor modernas no usan ni pistón ni cilindro. En su lugar, el vapor, bajo una gran presión, pasa a través de agujeros a una rueda móvil de paletas llamada turbina. Las turbinas, que rotan rápidamente, como molinos de viento producen energía mecánica. Una turbina de vapor es más eficiente que un pistón y un cilindro porque gasta menos energía.

Motores de combustión interna

Cuando la quema de un combustible se produce dentro de un motor, este se llama **motor de combustión interna**. Un tipo conocido de motor de combustión interna es el motor de gasolina que impulsa a la mayoría de los automóviles.

La mayoría de los motores de gasolina son motores de cuatro tiempos. El diagrama en la figura 2–13 de la página 56 muestra los cuatro tiempos que constituyen cada ciclo en un motor de gasolina. En la primera carrera, el pistón dentro del cilindro se mueve hacia abajo y la válvula de admisión se abre. La gasolina, que se transforma de líquido en vapor y se mezcla con aire en el carburador, entra en el cilindro a través de la válvula de admisión. Este proceso es la carrera de admisión.

La válvula de admisión se cierra y el pistón se mueve hacia el tope del cilindro. Mientras tanto, la mezcla gaseosa se comprime, de manera que el volumen de la mezcla se reduce bastante. Este proceso es la carrera de compresión.

A este nivel del ciclo de las cuatro carreras, con ambas válvulas cerradas, una bujía de encendido produce una chispa eléctrica que enciende la mezcla combustible comprimida. La explosión de gases calientes incrementa el volumen de la mezcla y presiona el pistón hacia la base del cilindro. Esta es la carrera motriz. En este punto, la energía se transfiere del pistón a las ruedas del automóvil por medio de una serie de ejes y engranajes.

En la carrera final, la válvula de escape se abre. El pistón se mueve hacia el tope del cilindro y expulsa gases a través de la válvula de escape. Este proceso se llama carrera de escape.

CARRERAS

Ingeniero(a) de cerámica

¿Qué piensas cuando oyes la palabra cerámica? Quizás, en alfarería. Pero para un **ingeniero de cerámica** significa mucho más. Un ingeniero de cerámica trabaja con productos hechos con arcilla, arena, vidrio y otros materiales que no contienen metal o plásticos. Estos materiales se procesan a altas temperaturas (de 650° a 1650°) en hornos de calcinación. Actualmente, los fabricantes de automóviles están diseñando motores hechos de materiales cerámicos.

Para obtener información sobre la carrera de ingeniero de cerámica, escribe al National Institute of Ceramic Engineers, 757 Brooksedge Plaza Drive, Westerville, OH 43081.

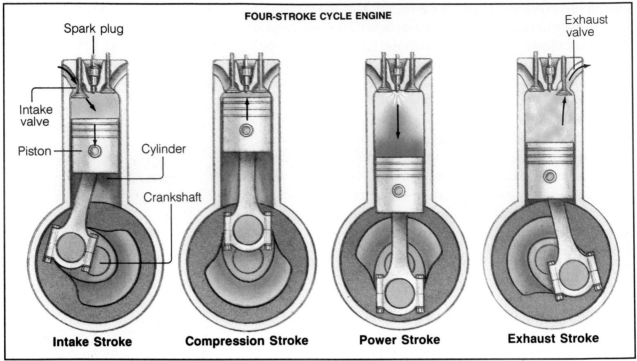

FOUR-STROKE CYCLE ENGINE

Spark plug

Exhaust valve

Intake valve

Piston

Cylinder

Crankshaft

Intake Stroke   **Compression Stroke**   **Power Stroke**   **Exhaust Stroke**

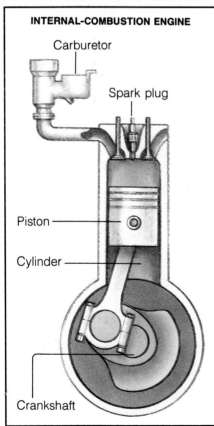

INTERNAL-COMBUSTION ENGINE

Carburetor

Spark plug

Piston

Cylinder

Crankshaft

Figure 2–13 *A gasoline engine is a four-stroke internal-combustion engine. Here you see the processes involved in each stroke. During which stroke is energy transferred from the piston to the wheels of the car?*

As the piston moves back down, more gaseous fuel and air mixture from the carburetor enters the cylinder to begin the four-stroke cycle again. A fixed amount of gasoline is used in each cycle, and waste products are given off as exhaust at the end of each cycle. It is important to use clean-burning fuel in car engines to reduce the amount of impurities given off in the exhaust.

A diesel engine, like a gasoline engine, is an internal-combustion engine. But in a diesel engine, only air is taken in during the intake stroke. At the end of the compression stroke, a measured amount of fuel is injected into the compressed air in the cylinder. The compression of the air raises its temperature high enough so that the fuel ignites at once. For this reason a diesel engine does not need spark plugs. Why do you think a diesel engine might more correctly be called a compression-ignition engine?

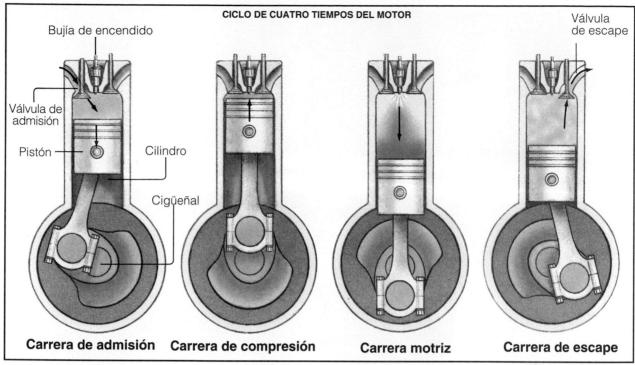

CICLO DE CUATRO TIEMPOS DEL MOTOR

Bujía de encendido

Válvula de escape

Válvula de admisión

Pistón

Cilindro

Cigüeñal

Carrera de admisión   **Carrera de compresión**   **Carrera motriz**   **Carrera de escape**

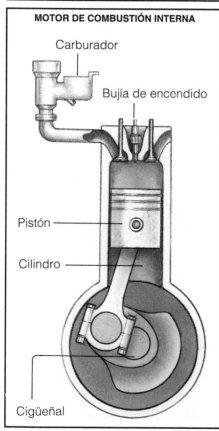

MOTOR DE COMBUSTIÓN INTERNA

Carburador

Bujía de encendido

Pistón

Cilindro

Cigüeñal

Figura 2–13 *Un motor de gasolina es un motor de combustión interna de cuatro tiempos. Aquí ves los procesos involucrados en cada carrera. ¿Durante cuál carrera se transfiere la energía del pistón a las ruedas del automóvil?*

A medida que el pistón desciende, más combustible gaseoso y mezcla de aire del carburador entra en el cilindro para comenzar nuevamente el ciclo de las cuatro carreras. En cada ciclo se usa una cantidad fija de gasolina, y al cabo de cada ciclo, se descartan productos de desecho. Es importante usar combustible limpio en los motores de automóvil para reducir la cantidad de impurezas emitidas en el escape.

Un motor diesel, al igual que un motor de gasolina, es un motor de combustión interna. Pero en un motor diesel, sólo entra aire durante la carrera de admisión. Al final de la carrera de compresión, una cantidad medida de combustible se inyecta en el aire comprimido del cilindro. La compresión del aire aumenta su temperatura lo suficiente como para que el combustible encienda inmediatamente. Por esta razón un motor diesel no necesita bujías de encendido. ¿Por qué crees que un motor diesel debería llamarse motor de compresión-ignición?

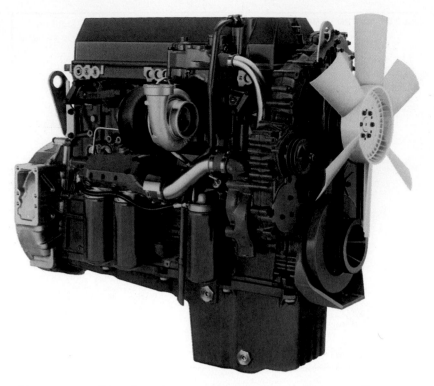

Figure 2–14 *Diesel engines are more efficient than gasoline engines. However, diesel engines have some drawbacks. They may be difficult to start in cold weather and tend to be noisier than gasoline engines.*

2–4 Section Review

1. How does a heat engine work?
2. What are the two main types of heat engines? How are they different?
3. Describe what happens in the four-stroke cycle of a gasoline engine. How is this different from what happens in a diesel engine?

Critical Thinking—*Applying Concepts*

4. Several car manufacturers are working on cars that use two-stroke engines instead of four-stroke engines. These two-stroke engines eliminate the intake stroke and the exhaust stroke, and they make use of modern fuel-injection techniques during the compression stroke. Why do you think a two-stroke engine might be more efficient than a four-stroke engine?

ACTIVITY READING

Earth's Future?

How could such human activities as thermal pollution, the greenhouse effect, and the thinning of the ozone layer possibly affect the Earth's future? For a look at what the Earth might be like in the year 2038, read the science-fiction novel *Earth* by David Brin.

Figura 2–14 *Los motores diesel son más eficientes que los motores de gasolina. Sin embargo, los motores diesel tienen ciertas desventajas. Pueden ser difíciles de encender en clima frío y tienden a ser más ruidosos que los motores de gasolina.*

2–4 Repaso de la sección

1. ¿Cómo funciona un motor térmico?
2. ¿Cuáles son los dos tipos principales de motores térmicos?¿En qué se diferencian?
3. Describe lo que pasa en el ciclo de cuatro tiempos de un motor de gasolina. ¿En qué se diferencia de un motor diesel?

Pensamiento crítico—*Aplicar conceptos*
4. Varios fabricantes de automóviles están trabajando en autos que usan motores de dos tiempos en vez de motores de cuatro tiempos. Estos motores de dos carreras eliminan la carrera de admisión y la carrera de escape, y hacen uso de modernas técnicas de inyección directa durante la carrera de compresión. ¿Por qué piensas que un motor de dos tiempos puede ser más eficiente que un motor de cuatro tiempos?

ACTIVIDAD
PARA LEER

¿Y el futuro de la Tierra?

¿Cómo pueden la polución térmica, el efecto de invernadero y el desgaste de la capa de ozono afectar el futuro de la Tierra? Para darte una idea de lo que la Tierra podría llegar a ser en el año 2038, lee la novela de ciencia ficción *Earth* de David Brin.

2–5 Thermal Pollution

Modern technology could not exist without the use of heat energy. Yet like many aspects of technology, heat energy can be harmful to the environment. The environment includes the air, land, and water.

Much of the heat generated by industrial processes and power plants cannot be used. It is waste heat. This waste heat is often released directly into the atmosphere. Or it may be released as hot water—just dumped into nearby rivers and lakes. **Thermal pollution** results. Pollution is anything that damages the environment. **Thermal pollution occurs when waste heat damages the environment by causing an unnatural rise in temperature.**

Thermal pollution endangers the survival of plants and animals. Fishes are especially vulnerable to increases in water temperature. Some species can survive only a few hours at temperatures above 25°C.

What can be done to reduce thermal pollution from factories and power plants? One solution is the use of a cooling tower. In a cooling tower, hot water from a factory or power plant is cooled as it flows through pipes. By the time the water is released into a nearby river or lake, it has cooled enough so that it is no longer a threat to fishes and other wildlife.

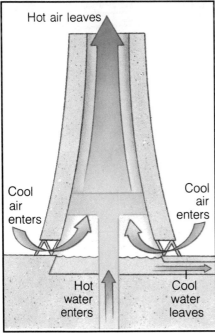

Hot air leaves

Cool air enters

Cool air enters

Hot water enters

Cool water leaves

Figure 2–15 *These cooling towers at a nuclear-power plant are used to reduce thermal pollution. Hot water from the power plant is cooled as it flows through pipes suspended in the tower. Why is thermal pollution harmful?*

2–5 Section Review

1. What is thermal pollution? What types of wildlife are threatened by thermal pollution?
2. What is the source of the heat that causes thermal pollution?
3. According to Figure 2–15 what happens to the excess heat after the water is cooled in the cooling tower?

Connection—*Life Science*

4. Manatees are aquatic mammals that live in warm rivers and streams in Florida. These animals are attracted to the hot water released by power plants. How might the manatees be affected if the power plants were shut down?

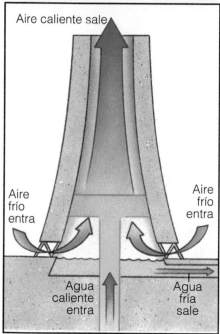

Figura 2–15 *Estas torres de enfriamiento en una planta de energía nuclear se utilizan para reducir la polución térmica. El agua caliente de la planta se enfría cuando fluye por cañerías suspendidas en la torre.¿Por qué es dañina la polución térmica?*

2–5 Polución térmica

La tecnología moderna no podría existir sin el uso de la energía calórica. Sin embargo, la energía calórica puede dañar el medio ambiente. Éste incluye el aire, la tierra y el agua.

Gran parte del calor generado por procesos industriales y centrales eléctricas no puede ser utilizado. Es calor de desecho. Este calor de desecho a menudo se libera directamente en la atmósfera. O puede ser liberado como agua caliente—arrojada en ríos y lagos cercanos. La consecuencia es la **polución térmica**. La polución es todo lo que daña el medio ambiente. **La polución térmica ocurre cuando el calor de desecho daña el medio ambiente al causar un incremento anormal de la temperatura.**

La polución térmica amenaza la vida de plantas y animales. Los peces son particularmente vulnerables al incremento de la temperatura del agua. Algunas especies sólo sobreviven pocas horas a temperaturas superiores a los 25°C.

¿Qué se puede hacer para reducir la polución térmica? Una solución es el uso de una torre de enfriamiento. En ella, el agua caliente de una fábrica o central eléctrica se enfría a medida que fluye por cañerías. Cuando el agua se bota en un río o lago cercano, ya se ha enfriado lo suficiente como para no amenazar la vida de los peces u otros animales.

2–5 Repaso de la sección

1. ¿Qué es la polución térmica? ¿Qué tipos de fauna salvaje están amenazados por la polución térmica?
2. ¿Cuál es la fuente del calor que causa la polución térmica?
3. De acuerdo a la figura 2–15, ¿qué pasa con el exceso de calor después de que el agua se enfría en la torre de enfriamiento?

Conexión—*Ciencia de la vida*
4. Los manatíes son mamíferos que viven en ríos templados y arroyos de la Florida. A estos animales les atrae el agua caliente liberada por las centrales eléctricas. ¿Cómo afectaría a los manatíes el cierre de las centrales eléctricas?

CONNECTIONS

Using Cold to Fight Cancer

What does heat—or rather the lack of it—have to do with cancer? Doctors are presently testing a new way to use *cryosurgery* to combat some forms of cancer. The prefix *cryo-* means cold or freezing. Cryosurgery is the use of extreme cold to destroy diseased tissue. This is not a new technique. Dermatologists have used cryosurgery for years to destroy skin tumors. What is new is the way in which cryosurgery can now be used to destroy cancerous tumors inside the body.

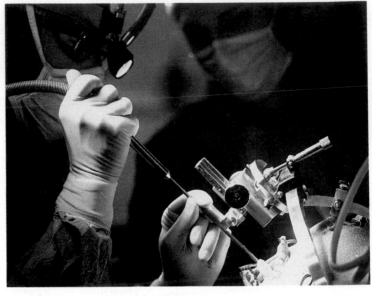

When cancer cells spread through the body, one of the internal organs in which they may settle is the liver. Today, more than 65,000 people in the United States develop liver cancer every year. Conventional surgery for liver cancer is complicated and dangerous (and sometimes impossible). Few liver cancer patients survive more than a few years after surgery.

Cryosurgery involves using a thin probe to freeze tumors. Once the probe has been inserted into the liver, liquid nitrogen at a temperature of about –200°C flows through the probe and freezes the tumor, destroying the cancer cells. Surgeons can watch this process, which takes about 15 minutes, on an ultrasound monitor.

The long-term survival rate for liver cancer patients following cryosurgery has been found to be much higher than for conventional surgery. Doctors are now attempting to refine this technique and to expand its use to destroy tumors in other parts of the body, including the brain.

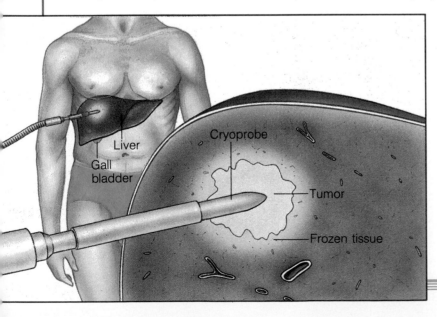

Liver

Gall bladder

Cryoprobe

Tumor

Frozen tissue

Uso del frío para combatir el cáncer

¿Qué tiene que ver el calor—o la falta del mismo—con el cáncer? Los médicos están actualmente probando una nueva forma de usar *criocirugía* para combatir ciertas formas de cáncer. El prefijo *crio-* significa frío o congelado. La criocirugía es el uso de frío extremo para destruir tejido enfermo. Esta no es una nueva técnica. Los dermatólogos han usado criocirugía por años para destruir tumores de piel. Lo que es nuevo es la forma en que la criocirugía puede usarse hoy para destruir tumores cancerosos dentro del cuerpo.

Cuando las células cancerosas se extienden por el cuerpo, uno de los órganos donde pueden asentarse es el hígado. Hoy, más de 65,000 personas en los Estados Unidos desarrollan cáncer del hígado cada año. La cirugía convencional para cáncer del hígado es complicada y peligrosa (y a veces imposible). Pocos pacientes con cáncer en el hígado sobreviven más de unos pocos años después de la cirugía.

La criocirugía utiliza una delgada sonda para congelar tumores. Una vez que la sonda se inserta en el hígado, nitrógeno líquido a una temperatura de −200°C fluye por la sonda y congela el tumor, destruyendo las células cancerosas. Los cirujanos pueden observar este proceso, que dura cerca de 15 minutos, en un monitor de ultrasonido.

Se ha comprobado que el promedio de supervivencia de pacientes con criocirugía es más alto que el de pacientes con cirugía convencional. Los médicos están intentando perfeccionar esta técnica y expandir su uso para destruir tumores en otras partes del cuerpo, incluyendo el cerebro.

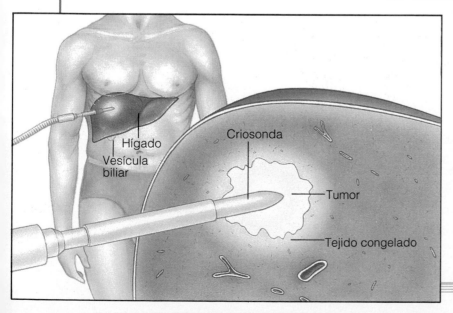

Hígado

Vesícula biliar

Criosonda

Tumor

Tejido congelado

Laboratory Investigation

Building a Solar Collector

Problem

How can solar energy be collected?

Materials (per group)

shoe box, painted black on the inside
newspaper, painted black
rubber or plastic tubing, 1 mm diameter x
   1 m long
funnel   container, 1 L capacity
ring stand and ring   graduated cylinder
thermometer   plastic wrap
250-mL beaker   pencil

Procedure

1. Fill the inside of the shoe box with crumpled newspaper. Using a pencil, punch a hole in each end of the shoe box, as shown in the diagram.

2. Insert the tubing through the holes and position it inside the box as shown. Be sure to leave at least 10 cm of tubing sticking out each end of the box.

3. Cover the box tightly with plastic wrap.

4. Place the box in direct sunlight, tilting one end so that it is about 5 cm higher than the other end.

5. Attach the funnel to the tubing at the higher end of the box. Use the ring stand and ring to hold the funnel in place.

6. Position a beaker at the other end of the box to serve as the collecting beaker.

7. Fill the container with 1 L of water at room temperature. Measure and record the temperature of the water.

8. Pour 200 mL of water from the container into the graduated cylinder.

9. Now pour the 200 mL of water from the graduated cylinder into the funnel.

10. Repeat steps 8 and 9 for a total of five trials. After every trial, record the number of the trial and the temperature of the water in the collecting beaker. **Note:** *Empty the collecting beaker after every trial.*

11. Record your data on a graph. Plot the trial number along the X axis and the water temperature along the Y axis.

Observations

What happened to the water temperature as the number of trials increased? Does your graph support this observation?

Analysis and Conclusions

1. How can you explain the different temperatures that you recorded?

2. **On Your Own** How could you make your solar collector more effective?

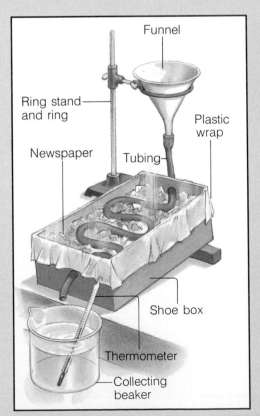

Funnel

Ring stand and ring

Plastic wrap

Newspaper

Tubing

Shoe box

Thermometer

Collecting beaker

Investigación de laboratorio

Construir un colector solar

Problema

¿Cómo puede recogerse la energía solar?

Materiales *(para cada grupo)*

caja de zapatos pintada de negro por dentro

papel de periódico pintado de negro

tubo de goma de 1mm de diámetro × 1m de largo

embudo

estante de probetas y aro

termómetro

cubeta de 250 mL

envase, 1L de capacidad

cilindro graduado

plástico para envolver

lápiz

Procedimiento

1. Llena el interior de la caja de zapatos con papel de periódico arrugado. Usando un lápiz, abre un agujero en los dos extremos de la caja, como se muestra en el diagrama.

2. Inserta el tubo a través de los agujeros y colócalo dentro de la caja como se muestra. Asegúrate de dejar por lo menos 10 cm de tubo por fuera de cada agujero de la caja.

3. Cubre la caja ajustadamente con el plástico.

4. Coloca la caja bajo la luz del sol, elevando uno de los extremos 5 cm más que el otro.

5. Sujeta el embudo al tubo en el lado más alto de la caja. Utiliza el estante de probetas y el aro para mantener el embudo en su lugar.

6. Coloca la cubeta al otro extremo la caja como cubeta recolectora.

7. Llena el envase con 1L de agua a temperatura ambiente. Mide y registra la temperatura del agua.

8. Vierte 200 mL de agua del envase al cilindro graduada.

9. Vacia ahora los 200 mL de agua del cilindro al embudo.

10. Repite los pasos 8 y 9 por un total de 5 pruebas. Después de cada prueba, registra el número de la prueba y la temperatura del agua en la cubeta recolectora. **Nota:** *Vacía la cubeta recolectora después de cada ensayo.*

11. Registra tus datos en un gráfico. Marca el número del ensayo a lo largo del eje de la X y la temperatura del agua a lo largo del eje de la Y.

Observaciones

¿Qué pasaba con la temperatura del agua a medida que aumentaba el número de pruebas? ¿Tu gráfico confirma esta observación?

Análisis y conclusiones

1. ¿Cómo puedes explicar los diferentes cambios de temperatura que registraste?

2. **Por tu cuenta** ¿Cómo puedes hacer tu colector solar más efectivo?

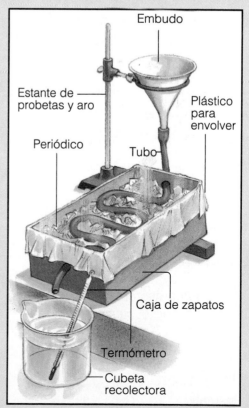

Embudo

Estante de probetas y aro

Plástico para envolver

Periódico

Tubo

Caja de zapatos

Termómetro

Cubeta recolectora

Study Guide

Summarizing Key Concepts

2–1 Heating Systems

▲ Based on the way heat is delivered, central heating systems are classified as direct or indirect systems.

▲ Major types of central heating systems include hot water, steam, radiant hot water, radiant electric, warm air, heat pump, and solar.

2–2 Insulation

▲ Insulation prevents heat loss by reducing the transfer of heat from a building by conduction and convection.

▲ Insulating a building is as important in hot weather as it is in cold weather.

2–3 Cooling Systems

▲ Cooling systems use the process of evaporation to remove heat from the surroundings.

▲ A cooling system consists of a storage tank, freezer unit, compressor, condenser coils, and refrigerant.

▲ A refrigerant is a liquid that evaporates at a low temperature.

2–4 Heat Engines

▲ Heat engines convert heat energy into mechanical energy to do work.

▲ All heat engines involve combustion, or the burning of a fuel.

▲ In an external-combustion engine, fuel is burned outside the engine.

▲ In an internal-combustion engine, such as a gasoline engine, fuel is burned inside the engine.

▲ The four strokes in a gasoline engine are the intake stroke, the compression stroke, the power stroke, and the exhaust stroke.

2–5 Thermal Pollution

▲ Thermal pollution occurs when waste heat damages the environment by causing an unnatural rise in temperature.

Reviewing Key Terms

Define each term in a complete sentence.

2–1 Heating Systems
central heating system
hot-water system
steam-heating system
radiant hot-water system
radiant electric system
warm-air system
heat-pump system
solar-heating system
active solar-heating system
passive solar-heating system

2–2 Insulation
insulation
fiberglass

2–3 Cooling Systems
cooling system

2–4 Heat Engines
heat engine
combustion
external-combustion engine
internal-combustion engine

2–5 Thermal Pollution
thermal pollution

Guía para el estudio

Resumen de conceptos claves

2–1 Sistemas de calefacción

▲ Dependiendo de la forma en que se envía el calor, los sistemas de calefacción central se clasifican en sistemas directos o indirectos.

▲ Los principales sistemas de calefacción incluyen el agua caliente, vapor, losa radiante, electricidad radiante, aire caliente, bomba de calor y solar.

2–2 Aislamiento

▲ El aislamiento evita la pérdida de calor reduciendo la transferencia de calor de un edificio por conducción y convección.

▲ El aislamiento de un edificio es tan importante en un clima caliente como en un clima frío.

2–3 Sistemas de enfriamiento

▲ Los sistemas de enfriamiento utilizan el proceso de evaporación para eliminar el calor del ambiente.

▲ Un sistema de enfriamiento consiste de un tanque de depósito, un congelador, un compresor, un serpentín condensador y refrigerante.

▲ Un refrigerante es un líquido que se evapora a baja temperatura.

2–4 Motores térmicos

▲ Los motores térmicos convierten la energía calórica en energía mecánica para funcionar.

▲ Todos los motores térmicos requieren combustión, o sea la quema de un combustible.

▲ En un motor de combustión externa, el combustible se quema fuera del motor.

▲ En un motor de combustión interna, como un motor de gasolina, el combustible se quema dentro del motor.

▲ Las cuatro carreras de un motor de gasolina son la carrera de admisión, la carrera de compresión, la carrera motriz y la carrera de escape.

2–5 Polución térmica

▲ La polución térmica ocurre cuando el calor de desecho daña el medio ambiente al causar un aumento antinatural de la temperatura.

Repaso de palabras claves

Define cada palabra o palabras con una oración completa.

2–1 Sistemas de calefacción
sistema de calefacción central
sistema de agua caliente
sistema de calefacción por vapor
sistema de losa radiante
sistema radiante eléctrico
sistema de aire caliente
sistema de bomba de calor
sistema de calefacción solar
sistema de calefacción solar activo
sistema de calefacción solar pasivo

2–2 Aislamiento
aislamiento
fibra de vidrio

2–3 Sistemas de enfriamiento
sistema de enfriamiento

2–4 Motores térmicos
motor térmico
combustión
motor de combustión externa
motor de combustión interna

2–5 Polución térmica
polución térmica

Chapter Review

Content Review

Multiple Choice

Choose the letter of the answer that best completes each statement.

1. The heating system that uses the energy of the sun to produce heat is a
   a. radiant hot-water system.
   b. radiant electric system.
   c. solar-heating system.
   d. warm-air system.
2. Heat engines convert heat energy into
   a. chemical energy.
   b. mechanical energy.
   c. light energy.
   d. nuclear energy.
3. Which of the following is an insulating material?
   a. fiberglass   c. copper
   b. Freon   d. ammonia
4. Thermal pollution damages the environment by increasing
   a. dust particles in the air.
   b. engine exhaust.
   c. infrared radiation.
   d. temperature.

5. A cooling system contains all of the following parts except a(an)
   a. compressor.   c. freezer unit.
   b. storage tank.   d. exhaust valve.
6. All central heating systems require a(an)
   a. refrigerant.   c. insulator.
   b. heat source.   d. compressor.
7. One way to reduce thermal pollution is by using a
   a. turbine.   c. cooling system.
   b. cooling tower.   d. heating system.
8. In a cooling system, condenser coils are used to
   a. change the refrigerant from a liquid to a gas.
   b. increase the pressure of the refrigerant.
   c. change the refrigerant from a gas back into a liquid.
   d. increase the temperature of the refrigerant.

True or False

If the statement is true, write "true." If it is false, change the underlined word or words to make the statement true.

1. A solar collector is part of a <u>passive</u> solar-heating system.
2. Double-pane window glass prevents heat loss by reducing heat transfer by convection and <u>radiation</u>.
3. Thermal pollution probably <u>would not</u> be a problem for fishes living in a lake near a power plant.
4. In a diesel engine, fuel is injected into the cylinder during the <u>intake</u> stroke.
5. The type of heating system that produces a nearly uniform temperature in a room is a <u>steam-heating</u> system.

Concept Mapping

Complete the following concept map for Section 2–1. Refer to pages Q6–Q7 to construct a concept map for the entire chapter.

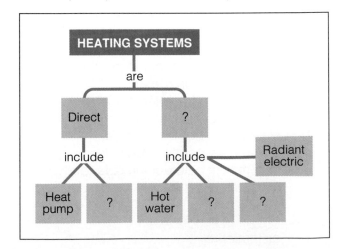

Repaso del capítulo

Repaso del contenido

Selección múltiple
Selecciona la letra de la respuesta que mejor complete cada frase.

1. El sistema de calefacción que utiliza energía solar para producir calor es
a. el sistema de agua caliente radiante.
b. el sistema radiante eléctrico.
c. el sistema de calefacción solar.
d. el sistema de agua caliente.

2. Los motores térmicos convierten la energía calórica en
a. energía química.
b. energía mecánica.
c. energía luminosa.
d. energía nuclear.

3. ¿Cuál de los siguientes es un material aislante?
a. fibra de vidrio   c. cobre
b. freón   d. amoníaco

4. La polución térmica daña el medio ambiente al aumentar
a. partículas de polvo en el aire.
b. escape de motores.
c. radiación infrarroja.
d. temperatura.

5. Un sistema de enfriamiento contiene todas las partes siguientes exceptuando un(a):
a. compresor.   c. congelador.
b. tanque de depósito. d. válvula de escape.

6. Todos los sistemas de calefacción central requieren un(a)
a. refrigerante.   c. aislante.
b. fuente de calor.   d. compresor.

7. Una forma de reducir la polución térmica es usando un(a)
a. turbina.   c. sistema de enfriamiento.
b. torre de enfriamiento. d. sistema de calefacción.

8. En un sistema de enfriamiento, el serpentín condensador se utiliza para
a. cambiar el refrigerante de líquido a gas.
b. incrementar la presión del refrigerante.
c. cambiar el refrigerante de gas a líquido.
d. incrementar la temperatura del refrigerante.

Verdadero o falso

Si la afirmación es verdadera, escribe "verdad." Si es falsa, cambia las palabras subrayadas para que sea verdadera.

1. Un colector solar es parte de un sistema de calefacción solar <u>pasivo</u>.

2. Los vidrios de ventanas de doble panel evitan la pérdida de calor reduciendo la transferencia de calor por convección y <u>radiación</u>.

3. La polución térmica probablemente <u>no sería</u> un problema para peces viviendo en lagos cercanos a centrales eléctricas.

4. En un motor diesel, el combustible se inyecta en el cilindro durante la carrera de <u>admisión</u>.

5. El sistema de calefacción que produce una temperatura casi pareja en una habitación es el <u>sistema de calefacción por vapor</u>.

Mapa de conceptos

Completa el siguiente mapa de conceptos para la sección 2–1. Para hacer un mapa de conceptos de todo el capítulo, consulta las páginas Q6–Q7.

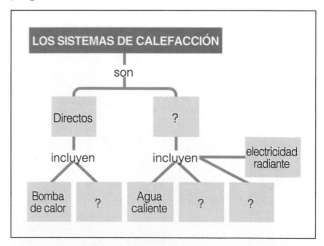

Concept Mastery

Discuss each of the following in a brief paragraph.

1. Assume that a factory or power plant is located near each of the following: an ocean, a river, and a lake. Which body of water would probably be most affected by thermal pollution? Which would be least affected? Explain your answers.
2. Choose one type of heat engine and describe how it changes heat energy into mechanical energy to do work.
3. Choose one type of central heating system and describe how it works.
4. Explain the difference between a passive solar-heating system and an active solar-heating system.
5. Why is fiberglass a good insulating material?
6. Explain how a cooling system works.

Critical Thinking and Problem Solving

Use the skills you have developed in this chapter to answer each of the following.

1. **Making diagrams** Draw a diagram showing how a heat-pump system gathers heat from the outside air and uses this heat to warm air inside a building. Be sure to label your diagram.
2. **Classifying** Classify each of the following central heating systems as direct or indirect: warm air, hot water, steam, heat pump, radiant hot water, solar.
3. **Interpreting photographs** Does the building in the photograph make use of an active solar-heating system or a passive solar-heating system? How can you tell?

4. **Making inferences** Why do you think an alcohol rub might at one time have been used to help a person with a high fever?
5. **Applying concepts** Explain how each of the following insulating materials works: plastic foam used in a picnic cooler; goose down used in a ski jacket; aluminum foil used to wrap hot food for a takeout order.
6. **Making comparisons** Describe how a gasoline engine and a diesel engine are alike and how they are different.
7. **Using the writing process** Pretend that you are James Watt, the eighteenth-century Scottish engineer who is credited with inventing the steam engine. Write a letter to a friend describing your invention and explaining how it works. Include a sketch of your steam engine and some suggestions for practical applications.

Dominio de conceptos

Comenta cada uno de los puntos siguientes en un párrafo breve.

1. Imagina que una fábrica o central eléctrica está localizada cerca de un océano, un río y un lago. ¿Cuál masa de agua sería probablemente la más afectada por la polución térmica? ¿Cuál sería la menos afectada? Explica tus respuestas.
2. Escoge un tipo de motor térmico y describe como cambia la energía calórica en energía mecánica para funcionar.
3. Escoge un tipo de calefacción central y describe cómo trabaja.
4. Explica la diferencia entre un sistema de calefacción solar pasivo y un sistema de calefacción solar activo.
5. ¿Por qué es la fibra de vidrio un buen material aislante?
6. Explica cómo funciona un sistema de enfriamiento.

Pensamiento crítico y solución de problemas

Usa las destrezas que has desarrollado en este capítulo para resolver lo siguiente.

1. **Hacer diagramas** Dibuja un diagrama mostrando cómo un sistema de bomba de calor recoge calor del aire externo y utiliza este calor para calentar aire dentro de un edificio. Asegúrate de rotular tu diagrama.
2. **Clasificar** Clasifica cada uno de los sistemas de calefacción central como directos o indirectos: aire caliente, agua caliente, vapor, bomba de calor, losa radiante, solar.
3. **Interpretar fotografías** ¿El edificio de la fotografía hace uso de un sistema de calefacción solar activo o de un sistema de calefacción solar pasivo? ¿Cómo lo sabes?
4. **Hacer inferencias** ¿Por qué crees que frotar con alcohol puede haber sido utilizado alguna vez para ayudar a una persona con fiebre alta?
5. **Aplicar conceptos** Explica cómo funciona cada uno de los siguientes materiales aislantes: estireno en una refrigeradora de picnic; plumas de ganso utilizada en una chaqueta de esquiar; papel de aluminio para envolver comida caliente.
6. **Hacer comparaciones** Describe cómo un motor de gasolina y un motor diesel se parecen y cómo se diferencian.
7. **Utilizar el proceso de escribir** Imagina que eres James Watt, el ingeniero escocés del siglo dieciocho, inventor de la máquina de vapor. Escribe una carta a un amigo describiendo tu invento y explicando cómo funciona. Incluye un bosquejo de tu máquina de vapor y algunas sugerencias para aplicaciones prácticas.

GAZETTE

SCIENCE

JENEFIR ISBISTER:
SHE DOES DIRTY WORK FOR CLEANER COAL

Jenefir Isbister knelt in the blackened soil outside a Pennsylvania coal mine. With a garden trowel, she scooped some dry black soil into a plastic box. The next day, she dug up some soil from outside a coal-processing plant near the laboratory in which she works. She even scooped up a little mud from the bank of a creek in her own backyard.

Why was Dr. Isbister collecting all this soil? "My boss asked me to find a microor-ganism to remove sulfur from coal," she explains. And such a microorganism might make its home in coal-rich soil. Dr. Isbister is an expert on microorganisms, or living things that are too small to be seen without special equipment. Microorganisms include a variety of bacteria.

Many microorganisms—often called microbes—feed upon nature's garbage, such as fallen leaves and the remains of dead animals and plants. The microbe that Dr. Isbister was searching for was one that eats the sulfur in coal—a sulfur-eating coal bug.

But why would Isbister be looking for such a thing? As she puts it, "A coal bug could help solve the problem of acid rain." In many parts of the world, acid rain is a serious problem whose effects include the death of trees, fishes, and other living things.

Acid rain is often caused by burning coal that contains high levels of sulfur. The coal smoke produced contains sulfur dioxide. Sulfur dioxide chemically combines with water in the air to form sulfuric acid, a very strong acid. The acid falls to the Earth as acid rain, acid snow, and even acid fog.

One way to reduce acid rain, then, is to remove as much sulfur as possible from the coal. Washing the coal before burning it is the simplest method of scrubbing out the sulfur. But coal washing is expensive and removes only some of the sulfur. Prying more sulfur out of coal requires a chemical reaction—the kind of chemical reaction microbes produce when they dine.

"A sulfur-eating microbe would let us use high-sulfur coal," Dr. Isbister explains. And high-sulfur coal is relatively inexpensive and plentiful.

So Dr. Isbister began collecting soil in the hope of finding a microbe that eats sulfur. "Soil is the best place to look for microorganisms that will grow under many conditions," she explains. "We didn't want bugs we had to baby!"

In the first step of experimentation, Dr. Isbister and Dr. Richard Doyle, a coworker at the Atlantic Research Corporation in Alexandria, Virginia, crushed each soil sample and placed a small amount of each in separate flasks of salt solution. "The solution keeps the microbes alive while we separate them from the soil," Isbister explains.

A special machine was then used to wash the bugs out of the soil in each flask. Liquid from the top of each flask was then added to another flask filled with nutrient broth. "It's a kind of soup that feeds the microorganisms," explains Isbister.

Next, the researchers added sulfur to each microbe broth. "We did lots of tests. After a long time, we found one solution that contained less sulfur than we had put in," says Isbister. The microbes in this broth had done the best job of eating sulfur. Surprisingly, the sulfur-eating microbes were the ones from her own backyard! Unfortunately, it had taken the microbes 7 days to lower the sulfur level by only 7 percent. "Seven percent is very little; seven days is horrible," says Isbister. "But it was a start. We had a little celebration."

Now the team added powerful chemicals to the broth, hoping to change the microbes' basic metabolism, or cell processes. The goal was to make the microbes even hungrier for sulfur.

"I tested 250 chemical combinations," Isbister recalls. Finally, she found one combination that caused the microbes to eat 80 percent of the sulfur in just 18 hours. "Then we really celebrated, and Dr. Doyle and I applied for a patent on Coal Bug One." Coal Bug One is the nickname the researchers have given their sulfur-eating microbe. Two and one-half years of research had finally resulted in success.

Will Coal Bug One solve the problem of high-sulfur coal? "Coal Bug One eats just one of the many kinds of sulfur found in coal," Isbister replies. "So we'll need to find more bugs. But Coal Bug One is the first step."

▼ Coal Bug One, shown here in an electromicrograph (left), may solve the problem of burning high-sulfur coal (right).

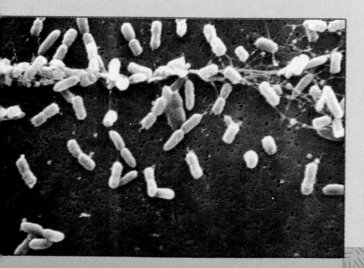

GAZETTE

HOTHOUSE EARTH:

Will the Greenhouse Effect Occur?

Imagine a typical urban land-scape with factory chimneys puffing columns of smoke and automobiles exhaling trails of exhaust. Now picture a Chinese countryside dotted with carefully cultivated rice paddies, or an American midwestern grassland covered with herds of peacefully grazing cattle. What do these scenes have in common?

Although they may seem totally different, these scenes actually share a common characteristic. That characteristic has to do with chemistry. Chemical reactions are taking place in the factories, the automobiles, the rice paddies, and even the cattle herds. The types of chemical reactions are different, but they all produce the same byproducts. And these byproducts may be disrupting the Earth's climate by heating the Earth's atmosphere at a rapid rate. This increase in the Earth's temperature is called the greenhouse effect. The gaseous byproducts of industry and agriculture that cause the greenhouse effect are called greenhouse gases. They include carbon dioxide, water vapor, methane, nitrous oxides, and chlorofluorocarbons (CFCs) used as refrigerants and in aerosol sprays.

The heating process caused by the greenhouse effect is called global warming. When greenhouse gases rise into the atmosphere, they act like a shield of greenhouse glass wrapped around the Earth. That is, they let in sunlight while trapping heat radiated from the Earth. As a result, the atmosphere becomes warmer.

Although scientists may debate the details of the process of global warming, they do agree on some statistics. For example, they

◀ **What do peaceful rice paddies have in common with the factory smokestacks shown on the opposite page? Both may contribute to global warming caused by the greenhouse effect.**

know that the amount of carbon dioxide in the atmosphere is at its highest level ever. That level is 25 percent higher than it was in 1860. Scientists expect the amount of carbon dioxide to double by the middle of the next century if humans continue to pump greenhouse gases into the atmosphere at current rates. They also expect the average global temperature to rise between 1.5°C and 4.5°C by the year 2050.

Such an increase in the average global temperature may appear insignificant at first. It seems more serious, however, when we consider that the Earth's temperature has risen only 5°C over the last 10,000 years! What does such a rapid rise in average global temperature actually mean? Climatologists are trying to answer this question by using sophisticated computer models to study the Earth's climate, past and present, and to predict the future effects of global warming. Many of the effects they anticipate are devastating for the Earth and its people.

One of the most likely results of a warmer Earth is a rise in global sea levels: The expansion of water and the melting of glaciers may cause the oceans to rise from 0.3 to 1.8 meters, resulting in flooding of low-lying coastal areas and islands. Cities such as Miami, Florida, and Galveston, Texas, would be swamped. In countries such as Bangladesh and Egypt, the many cities and towns built around river deltas could be washed away. In addition, higher sea levels will increase the violence and frequency of hurricanes and other severe storms.

Global warming will probably produce major shifts in world weather patterns, bringing drought to fertile areas and destructive rainfall to fragile deserts. In certain areas, higher winter temperatures will mean more rain and less snow, causing flooding in winter and serious dry spells in summer. Excessive heat may result in crop failures—and thus food shortages—around the world. The Earth's wildlife, unable to adapt quickly enough to changes in climate, will also suffer. Increased temperatures may favor the growth of weeds and insects harmful to various useful plants, which may have difficulty reproducing in warmer climates. Animals will lose their natural habitats as well as precious food and water sources.

Many scientists further fear what they call positive-feedback effects. Positive-feedback effects are the results of global warming that actually reinforce global warming. For example, higher temperatures will cause more water to evaporate from the oceans. This additional water vapor will rise into the atmosphere, where it will contribute to the greenhouse effect and increase the effects of global warming.

"We're conducting a dangerous experiment," says Columbia University geology

▼ **Cities and towns in low-lying areas may be in danger of flooding if sea levels rise as a result of global warming.**

▲ **The effects of global warming may be reduced by limiting the production of greenhouse gases. Using the energy of the wind instead of burning fossil fuels may be one answer.**

professor Wallace Broecker. "Yet since it's a necessity for running the world, we go ahead and do it." Indeed, since the beginning of the Industrial Revolution in the 1860s, much of the world has become more and more dependent for everyday life on the chemical reactions that produce greenhouse gases. These reactions include the burning of fossil fuels (coal, oil, and natural gas) for energy to warm our houses and office buildings, to run machines and factories, and to power automobiles and other vehicles. So limiting the production of greenhouse gases goes to the heart of modern industrial life. In fact, putting an end to global warming would require a return to a preindustrial world, if such a thing were possible.

Is there any hope for slowing global warming? Yes, scientists do offer some ways to cut down the production of greenhouse gases and so reduce global warming. Most involve energy conservation: using less coal, burning fossil fuels more efficiently, and seeking alternatives to fossil fuels. Other solutions include ending the massive destruction of tropical rain forests and encouraging

reforestation. Forests are important in the fight against global warming because trees help remove carbon dioxide from the air. Scientists, environmentalists, and concerned citizens also offer another suggestion: teamwork. As the name suggests, global warming is a global problem. As such, all the diverse peoples of the world must come together to solve it.

▼ **Geothermal energy—heat from within the Earth—is another possible alternative to fossil fuels.**

GAZETTE:

WIRED TO THE SUN

The house of the future will run on energy from the sun, make its own electricity, and even sell some of it to the electric company!

It looks like an ordinary house, nestled among several others just like it. The lights are on in the kitchen. Good—dinner will be ready soon. Let's see . . . what was it you ordered for supper before you left the house this morning? Oh, yes, a menu featuring your favorite Italian dishes. Mmm . . .

POWER PANELS

The thought of collapsing into a comfortable chair in a cool room makes you walk even faster. Not such a good idea on a day that saw the temperature reach 35°C—for the sixth day in a row. The only advantage to this heat wave is that it will enable you to sell back lots of electricity to the power company. Yes, indeed, those 64 solar panels rising up from the southern side of the roof really do their job. They produce enough electricity to run most of the major appliances in the house. The panels, covering a roof area of 5.5 square meters, are made up of *photovoltaic cells*. These cells change the energy in sunlight directly into electricity.

▶ Each one of the 64 solar panels in the roof of this house is made up of photovoltaic cells. These cells capture the energy of the sun and change it directly into electricity.

▲ **Both the trombe wall and the wall containing phase-change salts can be seen in this view of the house. These solar features, designed to get the most out of the sun's natural heating ability, are for winter use only.**

Now, of course, when there is no strong sunlight—during the night and on cloudy days—the photovoltaic cells don't work. But you need not worry. At those times, your house is automatically switched to a local electric company's cables. You use its electricity and pay its prices. But so far this summer, the photovoltaic cells have produced more energy than the house needs. Some of the energy has been stored in the hot-water heater. The remainder has been sold back to the electric power company. The electricity is actually sent from the roof through cables to a nearby company station. Just think of it: The electricity you sell back is used to power one of those old-fashioned houses!

COMPUTER COMFORT

As you climb the stairs to the air-lock entry, you happily notice that the outside window shutters have been automatically rolled down. These shutters reflect sunlight on hot days and help hold heat in the house on cold days. Shutters inside the windows have also been automatically lowered. Keeping direct sunlight out of the house on a day like today is important.

Punching your code in the door keypad, you walk into the air-lock entry. The air lock keeps hot air from entering the house in summer. In winter, it keeps the cold air out. The burglar-alarm system now shuts itself off. It feels a bit too cool in the house, so you can signal the air-conditioning system to quit working so hard by punching another code into the thermostat.

As you pass from room to room, doors open automatically and lights switch on and off. The heat-and-motion sensors built into the floors, walls, and ceilings keep track of your path. And sure enough, as you enter the family room, your favorite music starts to play.

With dinner cooking in the oven, which automatically went on when you walked in, you can sit down for awhile and relax. The dusting and vacuuming have all been done by the computer-driven robots. The kitchen computer keeps track of what food items you are getting low on. It will "call in" a list of groceries to the supermarket later.

So you're now free to sit and think about just how comfortable your home life is. The main computer of your house-management system takes care of almost everything—from controlling heating and cooling systems to providing news and sports information and educational courses. It opens locks, gives fire-alarm protection, cooks meals, turns lights on and off. It remembers when to turn certain appliances on or off. It even takes readings of the dust level on the solar

panels and lets you know when they need washing! Maybe someday soon, the computer will take care of cleaning the photovoltaic cells too!

SOLAR SERVICE

One amazing thing about your house is how well it uses energy. That's because it has several special features. These features are designed to get the most out of the sun's natural heating ability in winter. At the same time, they are designed not to add heat to the house in summer. How can this be done?

That black wall covered with glass along the south side of the house is called a trombe wall. Its job is to collect the sun's rays. When these rays pass through the glass, they strike the trombe wall and are absorbed. The wall is painted black to make sure as much of the sun's energy as possible is absorbed. Dark colors absorb sunlight best. The wall heats up as it absorbs energy. Because the wall is very thick, a great deal of heat is stored. At night or on a cloudy day, that heat is slowly released into the house. The glass covering is about 15 centimeters from the wall and creates an air space. This space prevents the heat from escaping to the outside.

The trombe wall is a wintertime-only feature. During the summer months, the wall is shaded.

Phase-change salts are another amazing solar feature. Along the south side of the house, tubes no longer than 76 centimeters are built into the wall. These tubes are painted black on the outside to absorb the greatest amount of solar energy. Inside the tubes are special calcium compounds, which are solids at temperatures below 27.2°C, their melting point. During the day, the sun's radiation is absorbed by the salts. The salts melt if their temperature goes above 27.2°C. But during the time they melt and stay liquid, they store the sun's heat energy. Then at night, when the temperature drops below the melting point, the salts turn back to the solid phase. This phase change releases the stored heat energy to the house. However, like the trombe wall, the salt-containing tubes must be shaded during the summer months.

Well, these solar features have come a long way since they were first introduced back in the 1970s. Since then, they have been modified and improved. So now in 1997, they help keep your house warm as toast in winter and cool as a cucumber in summer. That thought reminds you that your computer is calling—dinner is ready!

▼ **The large rounded shape in the front of the house is the air-lock entry, which keeps hot air out of the house in summer and cold air out of the house in winter. The automatic shutters that reflect sunlight away in summer can be seen covering the upstairs windows.**

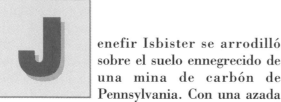

CIENCIAS GACETA

JENEFIR ISBISTER:
ELLA TRABAJA SUCIO POR UN CARBÓN MÁS LIMPIO

Jenefir Isbister se arrodilló sobre el suelo ennegrecido de una mina de carbón de Pennsylvania. Con una azada sacó un poco de suelo negro y seco, y lo puso en una caja de plástico. Al día siguiente juntó un poco de tierra del exterior de una planta de elaboración de carbón cerca del laboratorio donde trabaja. Incluso juntó barro del arroyo situado al fondo de su casa.

¿Por qué juntaba toda esta tierra la doctora Isbister? —Mi jefe me pidió que buscara un microorganismo que sacara el azufre del carbón— ella explica. Y este microorganismo vive en suelos ricos en carbón. La Dra. Isbister es una experta en microorganismos, o sea formas de vida tan pequeñas que no son visibles sin equipo especial. Los micro organismos incluyen una variedad de bacterias.

Muchos microorganismos—a menudo llamados microbios—se alimentan de basura de la naturaleza, como hojas caídas y restos de animales y plantas muertos. El microbio que la doctora Isbister buscaba debía comerse el azufre del carbón. ¿Pero para qué querría Isbister una cosa así? Según ella, —Un microbio del carbón podría ayudarnos a resolver el problema de la lluvia ácida.— En muchas partes del mundo la lluvia ácida es un problema serio y sus efectos incluyen la muerte de árboles, peces, etc. La lluvia ácida es causada, a menudo, por carbón combustible que contiene altos niveles de azufre. El humo de carbón que se produce contiene dióxido de azufre. Éste se combina químicamente con el agua del aire, formando ácido sulfúrico, un ácido muy fuerte. El ácido cae a la Tierra como lluvia, nieve e incluso niebla ácida.

Una de las maneras de reducir la lluvia ácida es quitar todo el azufre posible del carbón. El método más simple para sacar el azufre sería lavar el carbón antes de quemarlo. Pero esto es costoso y saca sólo parte del azufre. Para quitarle más azufre al carbón hace falta una reacción química—la clase de reacción química que producen los microbios al comer.

—Un microbio que come azufre nos permitiría usar carbón rico en azufre,— explica la doctora Isbister. Hay mucho carbón con alto contenido de azufre y es relativamente barato.

Así comenzó la doctora Isbister a juntar tierra con la esperanza de encontrar un microbio que comiera azufre. —El suelo es el mejor lugar para buscar microorganismos que crecen en diversas condiciones,— explica. —¡No queríamos microbios delicados!

En la primera etapa de la investigación, la Dra. Isbister y el Dr. Richard Doyle, que trabaja con ella en la Atlantic Research Corporation en Alexandria, Virginia, molieron las muestras de tierra y pusieron pequeñas cantidades de cada una en frascos separados con solución salina. —La solución mantiene los microbios vivos mientras los separamos del suelo,— explica Isbister.

Después se usó una máquina especial para separar los microbios de la tierra en cada frasco. El líquido de la parte superior de cada frasco después se sacó, y se agregó a otro frasco con caldo de cultivo. —Es una sopa que alimenta los microorganismos,— dice Isbister.

Luego los investigadores agregaron azufre a cada caldo. —Hicimos muchas pruebas, hasta que hallamos una solución con menos azufre del que habíamos puesto,— dice Isbister. Los microbios de ese caldo habían comido azufre. ¡Y los microbios que comían el azufre eran los de su propio jardín! Lamentablemente, los microbios habían tardado 7 días en comer sólo 7% del azufre. —Siete por ciento es muy poco, 7 días es terrible,— dice Isbister. —Pero era el comienzo de algo, y lo celebramos.

El equipo entonces agregó poderosas sustancias químicas al caldo de cultivo, con la esperanza de cambiar el metabolismo básico, o sea los procesos celulares de los microbios. El objetivo era aumentar el apetito de los microbios por el azufre.

—Probé con 250 combinaciones químicas,— recuerda Isbister. Finalmente, encontró una combinación que hizo que los microbios comieran 80% del azufre en sólo 18 horas. —Entonces celebramos realmente, y el Dr Doyle y yo nos presentamos para conseguir una patente para el primer microbio del carbón.— Los investigadores llamaron "Coal Bug One" al microbio que come azufre. Después de dos años y medio de investigaciones, habían logrado el éxito.

¿Resolverá "Coal Bug One" los problemas del carbón con alto contenido de azufre?— "Coal Bug One" come sólo una de las muchas clases de azufre que hay en el carbón,— responde Isbister. —Así que tendremos que encontrar más microbios. "Coal Bug One" es el primer paso.

▼ "Coal Bug One," que se ve aquí en una electromicrografía (izquierda), puede resolver el problema de la quema de carbón con alto contenido de azufre (derecha).

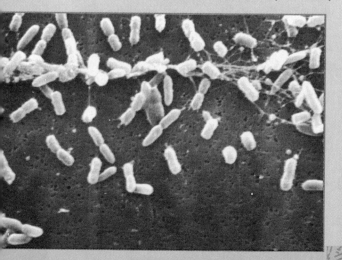

GACETA
TIERRA RECALENTADA

¿Se producirá el "efecto de invernadero"?

Imagínate un típico paisaje urbano con fábricas y chimeneas lanzando humo, y automóviles despidiendo emanaciones tóxicas. Piensa ahora en las zonas rurales de China, salpicadas de pulcros cultivos del arroz, o de una pradera del Oeste medio de Estados Unidos, rebosante de ganado que pasta pacíficamente. ¿Qué tienen en común estas escenas?

Aunque parezcan totalmente diferentes, estas escenas tienen una característica en común. Y esa característica tiene que ver con la química. Las reacciones químicas se producen en las fábricas, los automóviles, las terrazas de arroz e incluso los rebaños de ganado. Los tipos de reacciones químicas son diferentes, pero todos producen los mismos subproductos. Y estos subproductos tal vez alteren el clima de la Tierra

al calentar su atmósfera con rapidez. Este aumento de la temperatura de la Tierra se llama el "efecto de invernadero." Los subproductos gaseosos de la industria y de la agricultura que producen el efecto de invernadero, se llaman gases de invernadero. Éstos incluyen monóxido de carbono, vapor de agua, metano, óxidos nitrosos y clorofluorocarbonos (CFCs) usados como refrigerantes y en los vaporizadores a presión.

El proceso de calentamiento producido por el efecto invernadero se llama calentamiento global. Cuando los gases de invernadero se elevan en la atmósfera, funcionan como el vidrio de un invernadero alrededor de la Tierra. Esto es, dejan pasar la luz del sol pero retienen el calor que irradia la Tierra. Como resultado, la atmósfera se calienta.

A pesar de que los científicos pueden disentir sobre los detalles del proceso, coinciden en algunas estadísticas. Por ejemplo, saben que la cantidad de monóxido de carbono de la

◀ ¿Qué tienen en común las terrazas para el cultivo de arroz y las columnas de humo que se muestran en la página opuesta? Ambas pueden contribuir al calentamiento global causado por el efecto invernadero.

El calentamiento global probablemente produzca cambios decisivos en los modelos climáticos, causando sequía en zonas fértiles y lluvias destructivas en los desiertos. En algunas áreas, temperturas altas en el invierno producirán más lluvia y menos nieve, con el resultado de inundaciones en invierno y serias sequías en verano. El calor excesivo puede destruir las cosechas, produciendo falta de alimentos. La vida salvaje del planeta, incapaz de adaptarse con la rapidez necesaria, también sufriría. El aumento de temperatura puede además favorecer el desarrollo de hierbas e insectos dañinos para diversas plantas útiles, que hallarían difícil la reproducción en climas más cálidos. Los animales perderían sus hábitats naturales, así como fuentes indispensables de comida y agua.

Muchos científicos temen además lo que llaman "efectos de la respuesta positiva". Los efectos de la respuesta positiva son los resultados del calentamiento global que refuerzan el calentamiento global. Por ejemplo, las temperaturas más altas harán que se evapore más agua de mar. Este vapor adicional se elevará hacia la atmósfera, aumentando el efecto de invernadero, lo que a su vez aumentará los efectos del calentamiento global.

—Estamos llevando a cabo un experimento peligroso,— dice Wallace Broecker, profesor de

▼ Ciudades grandes y pequeñas en áreas bajas, podrían inundarse si los niveles del mar suben como resultado del calentamiento global.

atmósfera es la más alta que se ha registrado hasta ahora, 25 por ciento más alta que en 1860. Los científicos calculan que el monóxido de carbono a mediados del próximo siglo se duplicará, si las personas siguen emitiendo gases de invernadero a la atmósfera como hasta ahora. También calculan que la temperatura media global se elevará entre 1.5°C y 4.5°C hacia el año 2050.

Tal aumento en la temperatura global media puede parecer insignificante al principio. Parece más serio sin embargo si pensamos que la temperatura de la Tierra subió ¡sólo 5°C en los últimos 10,000 años! ¿Qué significa un aumento tan rápido de la temperatura global media? Los climatólogos tratan de responder a esta pregunta, usando sofisticados modelos de computación para estudiar el clima de la Tierra en el pasado y en el presente, y para predecir el efecto del calentamiento global. Muchos de los efectos que predicen, son devastadores para la Tierra y sus habitantes.

Uno de los resultados más probables del calentamiento de la Tierra es la elevación del nivel global de los mares. Al expandirse el agua y derretirse los glaciares, se puede producir una elevación del agua de los océanos de entre 0.3 y 1.8 metros, lo cual inundaría las áreas costeras e islas bajas. Ciudades como Miami, Florida, y Galveston, Texas, se volverían pantanos. En países como Bangladesh y Egipto, muchas ciudades de los deltas de los ríos podrían desaparecer bajo las aguas. Además, al nivel más alto de los mares aumentaría la intensidad y frecuencia de los huracanes y de otras tormentas violentas.

▲ Los efectos del calentamiento global podrían reducirse limitando la producción de gases de invernadero. Usar la energía del viento en vez de quemar combustibles fósiles sería una de las soluciones.

geología de la Universidad de Columbia. —Sin embargo, como es necesario para que el mundo funcione, lo seguimos haciendo—. De hecho, desde el comienzo de la revolución industrial en los años de 1860, la mayor parte del planeta depende más y más de las reacciones químicas que producen gases de invernadero. Estas reacciones incluyen el uso de combustibles fósiles, (carbón, petróleo y gas natural) para calentar nuestras casas y oficinas, y para hacer funcionar máquinas, fábricas, automóviles y otros vehículos. Por eso si se limita la producción de gases de invernadero, afecta el corazón de la vida industrial moderna. De hecho, detener el calentamiento global implicaría un retorno al mundo preindustrial, si esto fuera posible.

¿Hay esperanzas de disminuir la tasa de calentamiento global? Sí, los científicos proponen maneras de disminuir la producción de gases de invernadero para reducir el calentamiento global. La mayoría implican conservación de la energía: usar menos carbón, quemar con más eficiencia los combustibles fósiles y buscar alternativas a estos combustibles fósiles. Otras soluciones incluyen detener la destrucción masiva de las selvas

tropicales, y alentar la reforestación. Los bosques y selvas son importantes en la lucha contra el calentamiento global porque contribuyen a sacar el monóxido de carbono del aire. Los científicos, los especialistas en el medio ambiente y ciudadanos responsables, ofrecen una solución más: trabajo en equipo. Como el nombre sugiere, el calentamiento global es un problema global. Como tal, las diversas naciones del mundo deberían unirse para resolverlo.

▼ La energía geotérmica (el calor de adentro de la Tierra) es otra posible alternativa a los combustibles fósiles.

CONECTADOS AL SOL

La casa del futuro funcionará con energía solar y hará su propia electricidad, ¡incluso venderá algo de electricidad a la compañía eléctrica!

Parece una casa común, en un área con otras casas comunes. Las luces están encendidas en la cocina. ¡Qué bien! La cena estará lista en un momento. Veamos . . . ¿Qué habías pedido para la cena antes de salir de casa por la mañana? Ah sí . . . un menú con tus comidas italianas favoritas. Mmmm . . .

PANELES DE ENERGÍA ELÉCTRICA

La idea de instalarte en una sillón confortable en un cuarto fresco te hace caminar aún más rápido. Aunque tal vez no debas apurarte mucho, en un día de 35°C . . . y es el sexto día consecutivo con esta temperatura. La única ventaja de esta ola de calor es que podrás venderle mucha electricidad a la central eléctrica. En efecto, tus 64 paneles solares elevándose del lado sur del techo realmente cumplen con su misión. Producen electricidad para hacer funcionar casi todos los aparatos domésticos. Los paneles, que cubren una superficie de 5.5 metros cuadrados sobre el techo, están formados por *células fotovoltaicas*. Estas células transforman la energía de la luz solar directamente en electricidad.

▶ **Cada uno de los 64 paneles solares del techo de esta casa está hecho de células fotovoltaicas. Estas células captan la energía del sol y la transforman en electricidad.**

▲ **La pared de absorción solar y la pared con las sales que producen cambios de estado pueden verse en esta foto de la casa. Estos elementos solares, diseñados para sacar el mayor provecho posible del calor del sol, se usan sólo en invierno.**

Claro que cuando no hay luz fuerte—durante la noche o en días nublados—las células fotovoltaicas no funcionan. Pero no debes preocuparte. En esos casos, tu casa se conecta automáticamente con la compañía de electricidad. Tú usas su electricidad y pagas sus precios. Pero este verano, hasta ahora, las células fotovoltaicas han producido más electricidad que la necesaria. Parte de la energía se almacenó en el calentador de agua caliente. La energía sobrante se vendió a la compañía de electricidad, enviándola a un puesto cercano de la compañía a través de cables instalados en el techo. Piensa por un momento . . . ¡la energía que tú vendes a la compañía, se usa para hacer funcionar una de esas casas antiguas!

COMODIDAD COMPUTARIZADA

Mientras subes la escalera hacia la entrada con protección contra la entrada de aire, observas que las persianas exteriores se han bajado automáticamente. Estas persianas reflejan la luz del sol en los días calientes y ayudan a retener el calor en los días fríos. Las persianas interiores también se bajaron automáticamente. En un día como hoy, es importante mantener la luz del sol fuera de la casa.

Marcas tu código en el tablero de la puerta, y pasas a la entrada equipada con un dispositivo contra la entrada de aire. Este dispositivo evita que el aire caliente entre en la casa en verano. En invierno, impide la entrada del aire frío. En seguida, la alarma contra robos se cierra automáticamente. Hace un poco de frío adentro, y tú marcas otro código en el termostato, indicándole al sistema de aire acondicionado que trabaje menos.

A medida que vas de un cuarto a otro, las puertas se abren automáticamente y las luces se encienden y se apagan. Los sensores de calor y movimiento que están en los pisos, paredes y techos, registran tu paso. Y, cuando entras al cuarto principal, comienza a sonar tu música favorita.

Mientras se hace la comida, en el horno, que se activó cuando tú entraste, puedes sentarte un momento y descansar. Los robots computarizados han hecho la limpieza. El computador de la cocina tiene una lista de los alimentos que falta comprar. Más tarde llamará al supermercado y encargará una lista de comestibles.

Así que ahora tienes tiempo para sentarte y pensar en el grado de confort que disfrutas en tu vida hogareña. El computador principal de tu sistema de administración de la casa se encarga de casi todo, desde los sistemas de calefacción y refrigeración hasta la provisión de noticias, información deportiva y cursos educativos. Abre las puertas, hace sonar la alarma en casos de incendio, cocina, enciende y apaga luces. Se acuerda de encender o apagar aparatos domésticos. ¡Incluso lee los niveles de polvo de

los paneles solares, haciéndote saber cuándo hace falta lavarlos! Tal vez en un día cercano, ¡la computadora se encargue también de limpiar las células fotovoltaicas!

SERVICIO SOLAR

Sorprende ver lo bien que tu casa usa la energía. Esto se debe a ciertas características especiales. Estas características se han diseñado para obtener el máximo de la capacidad calórica del sol en invierno. Al mismo tiempo, se han diseñado para no agregar calor a la casa en verano. ¿Cómo puede lograrse esto?

La pared negra cubierta de vidrio en el lado sur de la casa se llama pared de absorción solar. Su función es recoger los rayos solares. Cuando los rayos atraviesan el vidrio, llegan a la pared de absorción solar, y son absorbidos. La pared está pintada de negro para que absorba la mayor cantidad posible de rayos solares. Los colores oscuros absorben mejor la luz del sol. A medida que absorbe energía, la pared se calienta. Como es muy gruesa, acumula mucho calor. De noche o durante los días nublados, ese calor se libera lentamente hacia el interior de la casa. El vidrio está a unos 15 centímetros de la pared y crea un espacio de aire. Este espacio impide que el calor salga al exterior. La pared funciona sólo en invierno. Durante los meses del verano se cubre.

Las sales para cambios de estado son otro rasgo solar sorprendente.

En el lado sur de la casa, se han instalado dentro de la pared tubos de un largo no mayor de 76 cm. Los tubos están pintados de negro en la parte de afuera para absorber la mayor cantidad posible de energía solar. En el interior de los tubos hay compuestos especiales de calcio, que son sólidos a temperaturas de menos de 27.2°C, su punto de fusión. Durante el día, las sales absorben la radiación solar. Las sales se derriten si su temperatura supera los 27.2°C. Pero mientras se derriten y permanecen en estado líquido, almacenan la energía solar. Por la noche, cuando la temperatura baja del punto de fusión, las sales vuelven al estado sólido. Este cambio de estado libera la energía calórica hacia el interior de la casa. Sin embargo, igual que la pared de absorción solar, los tubos con las sales deben cubrirse en el verano.

Bueno, estas características de las casas solares evolucionaron mucho desde su introducción en los años 70. Desde entonces se las ha modificado y mejorado. Por eso ahora, en 1997, mantienen tu casa caliente como una tostada en invierno, y fresca como un pepino en verano. Este pensamiento te recuerda que tu computadora te llama . . . ¡la comida está lista!

▼ **La gran forma redonda al frente de la casa es la protección contra la entrada del aire, que impide la entrada del aire caliente en el verano y del aire frío en el invierno. Las persianas automáticas que reflejan la luz del sol hacia afuera en el verano pueden verse cubriendo las ventanas del segundo piso.**

For Further Reading

> If you have been intrigued by the concepts examined in this textbook, you may also be interested in the ways fellow thinkers—novelists, poets, essayists, as well as scientists—have imaginatively explored the same ideas.

Chapter 1: What Is Heat?

Adler, Irving. *Hot and Cold: The Story of Temperature From Absolute Zero to the Heat of the Sun.* New York: John Day.

Cobb, Vicki. *Heat.* New York: Watts.

Doolittle, Hilda. *Collected Poems.* New York: AMS Press.

Herbert, Frank. *Dune.* New York: Berkley Publishing.

Pullman, Philip. *The Ruby in the Smoke.* New York: Knopf.

Chapter 2: Uses of Heat

Auel, Jean. *Clan of the Cave Bear.* New York: Crown Publishing.

Bradbury, Ray. *Fahrenheit 451.* New York: Ballantine.

Kavaler, Lucy. *A Matter of Degree: Heat, Life and Death.* New York: Harper.

London, Jack. *The Great Short Works of Jack London.* New York: Harper Collins.

O'Dell, Scott. *Island of the Blue Dolphins.* New York: Dell.

Paulsen, Gary. *Hatchet.* New York: MacMillan/ Bradbury.

Penrose, Gordon. *Sensational Science Activities with Dr. Zed.* New York: Simon & Schuster.

Schneider, Stephen. *Global Warming.* New York: Random House.

Stone, A. Harris, and B. Siegel. *The Heat's On.* Englewood Cliffs, NJ: Prentice Hall.

Taylor, Mildred. *Roll of Thunder, Hear My Cry.* New York: Dial.

Twain, Mark. *Life on the Mississippi.* New York: Airmont.

Wu, William. *Hong on the Range.* New York: Walker Press.

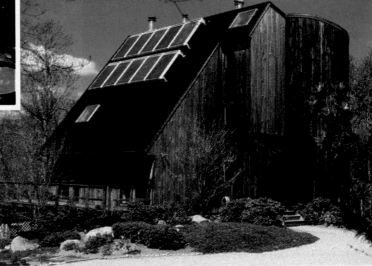

Otras lecturas

Si los conceptos que has visto en este libro te han intrigado, puede interesarte ver cómo otros pensadores—novelistas, poetas, ensayistas y también científicos— han explorado con su imaginación las mismas ideas.

Capítulo 1: ¿Qué es el calor?

Adler, Irving. *Hot and Cold: The Story of Temperature From Absolute Zero to the Heat of the Sun*. New York: John Day.

Cobb, Vicky. *Heat*. New York: Watts.

Doolittle, Hilda. *Collected Poems*. New York: AMS Press.

Herbert, Frank. *Dune*. New York: Berkley Publishing.

Pullman, Philip. *The Ruby in the Smoke*. New York: Knopf.

Capítulo 2: Usos del calor

Auel, Jean. *Clan of the Cave Bear*. New York: Crown Publishing.

Bradbury, Ray. *Fahrenheit 451*. New York: Ballantine.

Kavaler, Lucy. *A Matter of Degree: Heat, Life and Death*. New York: Harper.

London, Jack. *The Great Short Works of Jack London*. New York: Harper Collins.

O'Dell, Scott. *Island of the Blue Dolphins*. New York: Dell.

Paulsen, Gary. *Hatchet*. New York: Macmillan/ Bradbury.

Penrose, Gordon. *Sensational Science Activities with Dr. Zed*. New York: Simon & Schuster.

Schneider, Stephen. *Global Warming*. New York: Random House.

Stone, A. Harris, y B. Siegel. *The Heat's On*. Englewood Cliffs, NJ: Prentice Hall.

Taylor, Mildred. *Roll of Thunder, Hear My Cry*. New York: Dial.

Twain, Mark. *Life on the Mississippi*. New York: Airmont.

Wu, William. *Hong on the Range*. New York: Walker Press.

Activity Bank

Welcome to the Activity Bank! This is an exciting and enjoyable part of your science textbook. By using the Activity Bank you will have the chance to make a variety of interesting and different observations about science. The best thing about the Activity Bank is that you and your classmates will become the detectives, and as with any investigation you will have to sort through information to find the truth. There will be many twists and turns along the way, some surprises and disappointments too. So always remember to keep an open mind, ask lots of questions, and have fun learning about science.

Pozo de actividades

¡Bienvenido al pozo de actividades! Esta es la parte más excitante y agradable de tu libro de ciencias. Usando el pozo de actividades tendrás la oportunidad de hacer observaciones interesantes sobre ciencias. Lo mejor del pozo de actividades es que tú y tus compañeros actuarán como detectives, y como en toda investigación, deberás buscar a través de la información para encontrar la verdad. Habrá muchos tropiezos, sorpresas y decepciones a lo largo del proceso. Por eso recuerda mantener la mente abierta, haz muchas preguntas y diviértete aprendiendo sobre ciencias.

MAY THE FORCE (OF FRICTION) BE WITH YOU

When you rub your hands together, they feel warmer. What causes your hands to warm up? The answer is friction. Friction is a common force that resists motion. Friction is caused by one surface rubbing against another surface. In this activity you will measure and compare the force of friction on two different surfaces, one smooth and one rough. Where do you think the force of friction will be greater—on the smooth surface or the rough surface?

Materials

spring scale
small weight
sandpaper
tape

Procedure

1. Attach a small weight to a spring scale. A spring scale measures weight in units called newtons. What is the weight of the object in newtons?

2. Place the weight on a smooth, flat surface, such as a table top. Use the spring scale to pull the weight across the surface of the table. How much force is shown on the spring scale? Subtract the weight of the object from the amount of force shown on the spring scale. The result is the force of friction for the table top. What is this force in newtons?

3. Tape a piece of sandpaper to the table top. Repeat step 2, but this time use the spring scale to pull the weight across the sandpaper. What is the force of friction for the sandpaper? Is the force of friction greater for a smooth surface or for a rough surface? Was your prediction correct?

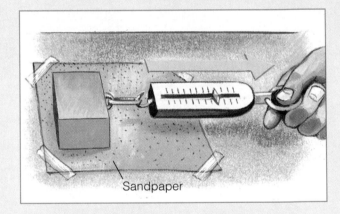

Sandpaper

Do It Yourself

Have you ever used sandpaper to smooth the rough edges of a piece of wood? What happens to the wood when you rub it with the sandpaper? Try it and find out.

Think for Yourself

You may have seen beautifully polished samples of rocks and minerals as part of a display in a museum of natural history. During the grinding and polishing process, water is sprayed onto the rock surface. Based on what you know about friction, why do you think this is done?

Spring scale

Weight

QUE LA FUERZA (DE FRICCIÓN) ESTÉ CONTIGO

Cuando te frotas las manos sientes calor. ¿Por qué se calientan tus manos? Por la fricción. La fricción es una fuerza común que resiste el movimiento. La fricción se produce cuando una superficie se frota contra otra superficie. En esta actividad vas a medir y a comparar la fuerza de fricción en dos superficies, una suave y una áspera. ¿Dónde crees que será mayor la fuerza de fricción, en la superficie suave o en la áspera?

Materiales

balanza de resorte
pesa pequeña
papel de lija
cinta adhesiva

Procedimiento

1. Engancha un peso pequeño a una balanza de resorte. Una balanza de resorte mide el peso en unidades llamadas newtons. ¿Cuál es el peso del objeto en newtons?

2. Coloca la pesa sobre una superficie lisa y plana, como una mesa. Usa la balanza de resorte para tirar de la pesa a través de la mesa. ¿Cuánta fuerza marca la balanza? Resta el peso del objeto de lo que marca la balanza a resorte. El resultado es la fuerza de fricción para la mesa. ¿Cuánto es esa fuerza en newtons?

3. Adhiere con cinta adhesiva un pedazo de papel de lija a la mesa. Repite el paso 2 pero usando esta vez la balanza de resorte para tirar de la pesa sobre el papel de lija. ¿Cuál es la fuerza de fricción para el papel de lija? ¿Es mayor la fricción sobre una superficie lisa o sobre una superficie áspera? ¿Resultó cierta tu predicción?

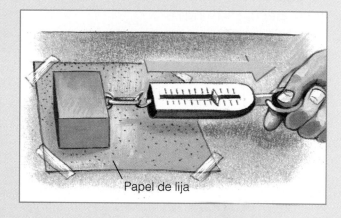

Papel de lija

Hazlo tú mismo(a)

Usaste alguna vez papel de lija para suavizar los bordes ásperos de un pedazo de madera? ¿Qué pasa con la madera cuando se le pasa la lija? Prueba y lo sabrás.

Piensa por tu cuenta

Tal vez hayas visto muestras de rocas y minerales hermosamente pulidos, expuestos en un museo de historia natural. Durante el proceso de tallado y pulido, se echa agua sobre la superficie de la roca. Basándote en lo que sabes sobre la fricción, ¿Por qué piensas que se hace tal cosa?

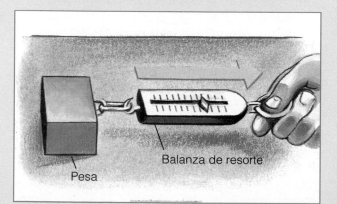

Pesa

Balanza de resorte

ONE HUNDRED DEGREES OF SEPARATION

Temperature is measured with a thermometer. All thermometers have a scale, or a set of numbers, that allows you to read the temperature. On a Celsius thermometer, the scale runs from 0°C (the freezing point of water) to 100°C (the boiling point of water). In this activity you will calibrate, or mark the scale on, an unmarked thermometer.

Materials

unmarked thermometer
2 beakers
ring stand and ring
Bunsen burner
ice
glass-marking pencil
metric ruler

Procedure 🧪 🔥 👉

1. Place the unmarked thermometer in a beaker of water. Heat the water over a Bunsen burner until the water begins to boil. **CAUTION:** *Be careful when using a Bunsen burner.*

2. When the column of liquid in the thermometer stops rising, remove the thermometer from the beaker.

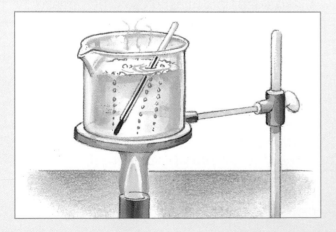

CAUTION: *The thermometer will be hot.* Mark the point at which the liquid stopped rising. What is the temperature at which the liquid rose as high as it would go in the thermometer? Write this temperature next to the mark you made on the thermometer.

3. Allow the thermometer to cool a bit. Then place the thermometer into a beaker of ice water. When the liquid stops falling, remove the thermometer from the beaker. Mark the point at which the liquid stopped falling. What is the temperature at which the liquid fell as low as it would go? Write this temperature next to the mark you just made on the thermometer.

4. Using a metric ruler, divide the space between the high point and the low point into 10 equal parts. Mark these divisions. How many degrees does each mark represent?

Think for Yourself

Suppose you wanted to calibrate your thermometer using the Kelvin scale instead of the Celsius scale. What number would you write next to the highest mark? The lowest mark?

CIEN GRADOS DE SEPARACIÓN

La temperatura se mide con un termómetro. Todos los termómetros tienen una escala, o serie de números, que te permite leer la temperatura. En un termómetro Celsius, la escala va de 0°C (el punto de congelación del agua) a 100°C (el punto de ebullición del agua). En esta actividad tú calibrarás, es decir marcarás la escala, en un termómetro que no tenga escala.

Materiales

termómetro sin escala
2 cubetas
aro con brazo y soporte
mechero de Bunsen
hielo
marcador de vidrio
regla métrica

Procedimiento

1. Pon el termómetro sin escala en una jarra con agua. Calienta el agua sobre un mechero de Bunsen hasta que comience a hervir. **CUIDADO:** *Ten mucho cuidado cuando uses el mechero de Bunsen.*

2. Cuando la columna de líquido del termómetro deje de subir, saca el termómetro de la cubeta. **CUIDADO:**

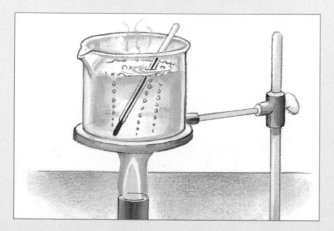

El termómetro estará caliente. Marca el punto en el cual el líquido dejó de subir. ¿Cuál es la temperatura en la cual el líquido subió al máximo en el termómetro? Escribe esta temperatura junto a la marca que tú habías hecho en el termómetro.

3. Deja que el termómetro se enfríe un poco. Colócalo después en una cubeta con agua helada. Cuando el líquido del termómetro deje de descender, sácalo de la cubeta. Marca el punto en el cual el líquido dejó de descender. ¿Cuál es la temperatura a la cual el líquido bajó al mínimo? Escribe esta temperatura junto a la marca que acabas de hacer en el termómetro.

4. Usando la regla métrica, divide el espacio entre el punto más alto y el más bajo en 10 espacios iguales. Marca estas divisiones. ¿Cuántos grados representa cada marca?

Piensa por tu cuenta

Suponte que quieres calibrar tu termómetro usando la escala de Kelvin en lugar de la escala de Celsius. ¿Qué número escribirías junto a la marca más alta? ¿Y al lado de la marca más baja?

THESE "FUELISH" THINGS

Just as rocket fuel provides the energy needed to launch the Space Shuttle, so the food you eat contains fuel that provides your body with the energy you need every day. This fuel is in the form of stored energy called potential energy. You cannot measure the amount of potential energy in food directly. Instead, you can measure the heat energy, in calories, gained by water when a sample of food is burned. The heat energy gained is equal to the heat energy lost by the burning food.

Food sample

Paper clip

Pie plate

Materials

triple-beam balance
assorted food
    samples
    (peanuts, bread,
    and so forth)
flask
matches

ring stand and
    clamp
paper clip
aluminum pie plate
Celsius thermometer
clock or watch

Procedure

1. Find the mass of the empty flask in grams.

2. Half fill the flask with water and find the mass of the flask and the water. Then subtract to find the mass of the water alone. Record this mass in a data table similar to the one shown.

3. Clamp the flask onto the ring stand. Measure and record the temperature of the water (T_i).

4. Carefully straighten the paper clip and stick it through the food sample.

5. Position the paper clip so that the ends rest on the edges of the pie plate.

6. Use a match to ignite the food sample. **CAUTION:** *Be careful when using matches.* Once the food begins to burn, blow out the match and dispose of it safely.

7. Place the pie plate directly below the flask. Let the food burn for 3 minutes and then blow out the flame. Record the temperature of the water as T_f in your data table.

COMBUSTIBLES COMESTIBLES

Así como el combustible de los cohetes provee la energía necesaria para lanzar una nave espacial, los alimentos que tú comes contienen combustibles que proveen a tu cuerpo la energía que necesita. Este combustible tiene la forma de energía almacenada, llamada potencial. No se puede medir directamente la cantidad de energía potencial de la comida. Pero tú puedes medir, en calorías, la energía calórica ganada por el agua al quemarse una muestra de comida. La energía calórica ganada por el agua es igual a la energía perdida por la comida al quemarse.

Muestra de comida

Broche para papel

Plato de aluminio para pastel

Materiales

balanza de tres brazos	soporte para aro con abrazadera
muestras de comidas varias (maníes, pan, etc)	broche para papel
	plato de aluminio para pastel
frasco	termómetro Celsius
fósforos	reloj

Procedimiento

1. Averigua la masa en gramos del frasco vacío.

2. Llena el frasco con agua hasta la mitad y averigua la masa del frasco y del agua. Haz una resta, para hallar sólo la masa del agua. Anota la masa en una tabla de datos similar a la que se muestra.

3. Asegura el frasco a la abrazadera del soporte. Mide y anota la temperatura inicial del agua (T_i).

4. Con cuidado estira el broche para papel, y atraviesa con éste la muestra de comida.

5. Pon el broche para papel con la comida apoyado sobre los bordes el plato de aluminio, como se muestra.

6. Usa un fósforo para encender la muestra de comida. **CUIDADO:** *Ten cuidado al usar los fósforos.* Cuando la comida comience a quemarse, apaga bien el fósforo y tíralo.

7. Coloca el plato de aluminio directamente debajo del frasco. Deja que la comida se queme durante tres minutos y después apaga el fuego. Anota la temperatura del agua como T_f en tu tabla de datos.

Observations

DATA TABLE

Food Sample	Mass of Water (g)	Temperature (°C)	
		T_i	T_f

Analysis and Conclusions

1. Use the following equation to calculate the heat energy gained by the water in the flask as the food burned:

Heat gained = Mass x Change in temperature x Specific heat

= Mass x (T_f - T_i) x 1 cal/g•°C

2. How much heat energy was lost by the burning food sample? (Remember, heat gained = heat lost.)

3. Share your results with the rest of the class. Make a class data table showing the results for the different food samples tested. Which food sample released the most heat energy? The least?

4. Most of the heat energy lost by the burning food was absorbed by the water in the flask. What might have happened to any heat energy that was not absorbed by the water?

Observaciones

TABLA DE DATOS

Muestra de comida	Masa del agua (g)	Temperatura (°C)	
		T_i	T_f

Análisis y conclusiones

1. Usa la siguiente ecuación para calcular la energía calórica ganada por el agua del frasco al quemarse la comida:

Calor ganado = Masa x Cambio de temperatura x calor específico
= Masa x $(T_f - T_i)$ x 1 cal/g•°C

2. ¿Cuánta energía calórica perdió la muestra de comida al quemarse? (Recuerda, calor ganado = calor perdido.)

3. Comparte tus resultados con el resto de la clase. Hagan una tabla de datos de la clase, mostrando los resultados de las diferentes muestras de comida quemadas. ¿Qué muestra de comida liberó más energía calórica? ¿Y menos energía calórica?

4. La mayor parte de la energía calórica perdida por la comida al quemarse, fue absorbida por el agua del frasco. ¿Qué puede haberle pasado a la energía que no fue absorbida por el agua?

LET THE SUN SHINE IN

How does a passive solar-heating system work? In this activity you will build a simple model to find out. You will need two shoe boxes, plastic wrap, tape, scissors, and two Celsius thermometers.

1. Cut a square "window" at one end of each shoe box.

2. Tape a piece of clear plastic wrap over each window.

3. Place a thermometer inside each box. Be sure that the temperature inside the boxes is the same (near normal room temperature, about 20°C). Then place the lid on each box.

4. Place both shoe boxes in direct sunlight. Position one box so that its window faces the sun. Position the other box so that its window faces away from the sun. Which box do you predict will get warmer? Why?

5. After about 30 minutes, open the boxes and read the temperature on each thermometer. Which shoe box got warmer? Was your prediction correct? Based on your results, how do you think the windows of a house should be oriented to get the most benefit from a passive solar-heating system?

On Your Own

As a class project, you might want to design and build a more elaborate model of a passive solar home. What conditions should you consider when designing your model?

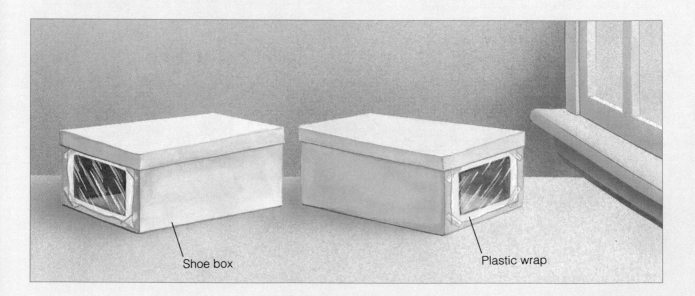

Shoe box

Plastic wrap

DEJEMOS QUE ENTRE EL SOL

¿Cómo funciona un sistema pasivo de calefacción solar? En esta actividad construirás un modelo sencillo para hallar la respuesta. Necesitarás dos cajas de zapatos, plástico transparente, cinta adhesiva, tijeras y dos termómetros Celsius.

1. Corta una "ventana" cuadrada en un extremo de cada caja de zapatos.

2. Pega con la cinta adhesiva un pedazo de plástico transparente sobre las dos "ventanas."

3. Pon un termómetro en cada caja. Asegúrate de que la temperatura dentro de las dos cajas sea la misma (unos 20°C, la temperatura normal de una habitación).Tapa las cajas.

4. Pon las dos cajas de zapatos a la luz del sol. Orienta una de ellas con la ventana hacia el sol, de modo que entre la luz. Orienta la otra al revés, de modo que la luz directa no entre en la caja. ¿Cuál de las dos cajas se calentará más? ¿Por qué?

5. Después de unos 30 minutos, abre las cajas y lee la temperatura en cada termómetro. ¿Cuál de las cajas se calentó más? ¿Ocurrió lo que tú creías que iba a suceder? Basándote en tus resultados, ¿cómo crees que deberían orientarse las ventanas de una casa para obtener el mayor beneficio posible de un sistema pasivo de calefacción solar?

Por tu cuenta

Como proyecto de la clase, tal vez quieras diseñar y construir un modelo más elaborado de una casa solar pasiva. ¿Qué condiciones deberías tomar en cuenta al diseñar tu modelo?

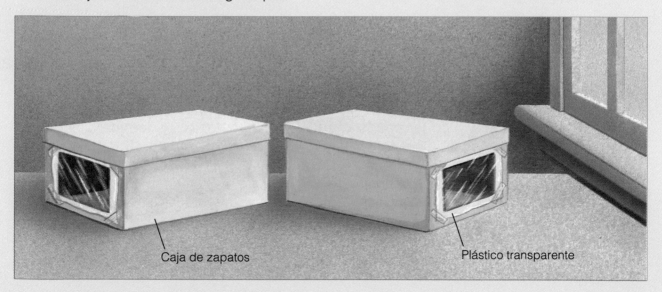

Caja de zapatos

Plástico transparente

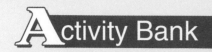
TURN DOWN THE HEAT

Most of the energy we use every day comes from fossil fuels—coal, oil, and natural gas. Unfortunately, supplies of fossil fuels on Earth are limited. How can we make supplies of fossil fuels last longer? Most environmentalists recommend using fuel-efficient engines as one way to conserve energy. Another solution is the use of proper insulation for homes and other buildings. The better insulated a building is, the less fuel it will need for heating and cooling. There are many kinds of insulating materials. Which one is the best insulator? Let's find out.

Materials

assorted insulating materials
2 bowls
2 baby food jars
graduated cylinder
2 Celsius thermometers
clock or watch

Procedure

1. Choose a material that you think would be a good insulator. Place a layer of the material in the bottom of a small bowl.

2. Place an empty baby food jar on top of the insulation. Then pack more of the insulation around the sides of the jar.

3. Place a second jar directly into another small bowl. Do not put any insulation around this jar.

4. Carefully fill each jar with the same amount of hot water. **CAUTION:** *Do not use boiling water.*

5. Place a thermometer in each jar and record the temperature of the water as T_i in a data table similar to the one shown.

6. After 15 minutes, record the temperature of the water in each jar as T_f in your data table. To find the change in temperature, subtract T_f from T_i. Record the change in temperature in your data table.

7. Repeat this procedure using different insulating materials.

(continued)

BAJA LA CALEFACCIÓN

La mayoría de la energía que usamos proviene de combustibles fósiles—carbón, petróleo y gas natural. Lamentablemente las reservas de combustible fósil son limitadas. ¿Cómo lograr que las reservas duren más? La mayoría de los especialistas en medio ambiente, recomiendan el uso de máquinas que economicen combustible para conservar la energía. Otra solución es el uso de aislamiento apropiado en las casas y otros edificios. Cuanto mejor aislado está un edificio, menos combustible se necesita para calentarlo o enfriarlo. Hay varias clases de materiales aislantes. ¿Cuál es el mejor? Veamos.

Materiales

varios materiales aislantes
2 boles
2 frascos de comida para bebés
cilindro graduado
2 termómetros Celsius
reloj

Procedimiento

1. Elige un material que te parezca un buen aislante. Coloca una capa del material en el fondo de un pequeño bol.

2. Coloca un frasco vacío de comida para bebés encima del aislante. Coloca después más material aislante alrededor del frasco.

3. Pon el segundo frasco directamente dentro del otro bol pequeño. No pongas material aislante alrededor del frasco.

4. Con cuidado llena cada uno de los frascos con la misma cantidad de agua caliente. **CUIDADO:** *No uses agua hirviendo.*

5. Pon un termómetro en cada frasco y anota la temperatura del agua como T_i en una tabla de datos similar a la tabla que se muestra.

6. Después de 15 minutos, registra la temperatura del agua de cada jarra como T_f en tu tabla de datos. Para saber cuál fue el cambio de temperatura, resta T_f de T_i. Registra el cambio de temperatura en tu tabla de datos.

7. Repite el procedimiento usando diferentes materiales aislantes.

(continúa)

Observations

DATA TABLE

Insulating Material	Temperature (°C)		Temperature Change
	T_i	T_f	

Analysis and Conclusions

1. Which of the insulating materials you tested was most effective in preventing heat loss? How do you know? Is this material currently being used for insulation? If so, where?

2. Do you think any of the insulating materials you tested could be used to insulate buildings? Why or why not?

Going Further

Share your results with the class. Prepare a class data table listing all the different types of insulating materials tested. Which material was the best insulator?

Think for Yourself

1. Suppose you had discovered a new, more efficient insulating material. How would you convince a builder to use this insulation even though it is more expensive than other insulating materials?

2. Do you think the government should encourage private citizens to make better use of insulation in their homes? Why or why not?

Observaciones

TABLA DE DATOS

Material aislante	Temperatura (°C)		Cambio de temperatura
	T_i	T_f	

Análisis y conclusiones

1. ¿Cuál de los materiales aislantes que usaste evitó mejor la pérdida de calor? ¿Cómo lo sabes? ¿Se usa actualmente este material como aislante? Si es así, ¿dónde?

2. ¿Crees tú que alguno de los materiales aislantes que usaste se puede usar para aislar edificios? ¿Por qué sí o por qué no?

Investigación adicional

Comparte tus resultados con tu clase. Prepara una tabla de datos de la clase, con todas las diferentes clases de materiales usados en el experimento. ¿Cuál fue el mejor aislante?

Piensa por tu cuenta

1. Imagina que descubriste un nuevo material aislante, más eficiente. ¿Cómo convencerías a un constructor de usar este material aislante, aunque fuera más caro que otros?

2. ¿Crees que el gobierno debería alentar a los ciudadanos para que aislen mejor sus casas? ¿Por qué sí o por qué no?

ppendix A

The metric system of measurement is used by scientists throughout the world. It is based on units of ten. Each unit is ten times larger or ten times smaller than the next unit. The most commonly used units of the metric system are given below. After you have finished reading about the metric system, try to put it to use. How tall are you in metrics? What is your mass? What is your normal body temperature in degrees Celsius?

Commonly Used Metric Units

Length   The distance from one point to another

meter (m)   A meter is slightly longer than a yard.
1 meter = 1000 millimeters (mm)
1 meter = 100 centimeters (cm)
1000 meters = 1 kilometer (km)

Volume   The amount of space an object takes up

liter (L)   A liter is slightly more than a quart.
1 liter = 1000 milliliters (mL)

Mass   The amount of matter in an object

gram (g)   A gram has a mass equal to about one paper clip.
1000 grams = 1 kilogram (kg)

Temperature   The measure of hotness or coldness

degrees   0°C = freezing point of water
Celsius (°C)   100°C = boiling point of water

Metric–English Equivalents

2.54 centimeters (cm) = 1 inch (in.)
1 meter (m) = 39.37 inches (in.)
1 kilometer (km) = 0.62 miles (mi)
1 liter (L) = 1.06 quarts (qt)
250 milliliters (mL) = 1 cup (c)
1 kilogram (kg) = 2.2 pounds (lb)
28.3 grams (g) = 1 ounce (oz)
°C = 5/9 × (°F − 32)

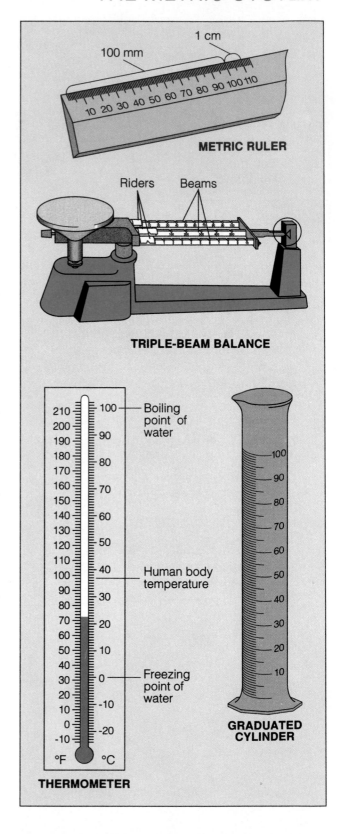

METRIC RULER

TRIPLE-BEAM BALANCE

THERMOMETER

GRADUATED CYLINDER

Apéndice A

Los científicos de todo el mundo usan el sistema métrico. Está basado en unidades de diez. Cada unidad es diez veces más grande o más pequeña que la siguiente. Abajo se pueden ver las unidades del sistema métrico más usadas. Cuando termines de leer sobre el sistema métrico, trata de usarlo. ¿Cuál es tu altura en metros? ¿Cuál es tu masa? ¿Cuál es tu temperatura normal en grados Celsio?

Unidades métricas más comunes

Longitud   Distancia de un punto a otro

metro (m)   Un metro es un poco más largo que una yarda.

   1 metro = 1000 milímetros (mm)
   1 metro = 100 centímetros (cm)
   1000 metros = 1 kilómetro (km)

Volumen   Cantidad de espacio que ocupa un objeto

litro (L) =   Un litro es un poco más que un cuarto de galón.

   1 litro = 1000 mililitros (mL)

Masa   Cantidad de materia que tiene un objeto

gramo (g)   El gramo tiene una masa más o menos igual a la de una presilla para papel.

   1000 gramos = kilogramo (kg)

Temperatura   Medida de calor o frío

grados   0°C = punto de congelación del agua

Celsio (°C)   100°C = punto de ebullición del agua

Equivalencias métricas inglesas

2.54 centímetros (cm) = 1 pulgada (in.)
1 metro (m) = 39.37 pulgadas (in.)
1 kilómetro (km) = 0.62 millas (mi)
1 litro (L) = 1.06 cuartes (qt)
250 mililitros (mL) = 1 taza (c)
1 kilogramo (kg) = 2.2 libras (lb)
28.3 gramos (g) = 1 onza (oz)
$°C = 5/9 \times (°F - 32)$

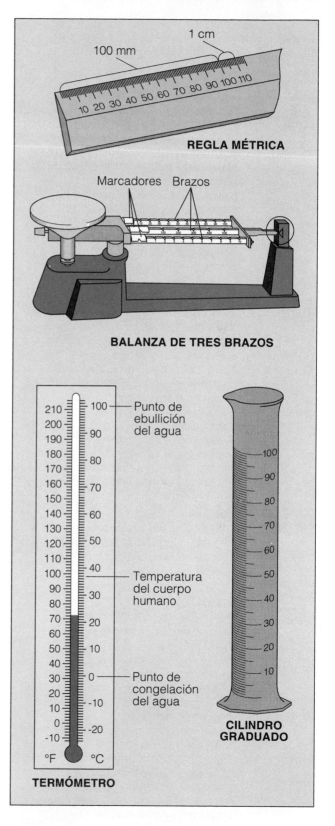

REGLA MÉTRICA

BALANZA DE TRES BRAZOS

TERMÓMETRO

CILINDRO GRADUADO

Glassware Safety

1. Whenever you see this symbol, you will know that you are working with glassware that can easily be broken. Take particular care to handle such glassware safely. And never use broken or chipped glassware.
2. Never heat glassware that is not thoroughly dry. Never pick up any glassware unless you are sure it is not hot. If it is hot, use heat-resistant gloves.
3. Always clean glassware thoroughly before putting it away.

Fire Safety

1. Whenever you see this symbol, you will know that you are working with fire. Never use any source of fire without wearing safety goggles.
2. Never heat anything—particularly chemicals—unless instructed to do so.
3. Never heat anything in a closed container.
4. Never reach across a flame.
5. Always use a clamp, tongs, or heat-resistant gloves to handle hot objects.
6. Always maintain a clean work area, particularly when using a flame.

Heat Safety

Whenever you see this symbol, you will know that you should put on heat-resistant gloves to avoid burning your hands.

Chemical Safety

1. Whenever you see this symbol, you will know that you are working with chemicals that could be hazardous.
2. Never smell any chemical directly from its container. Always use your hand to waft some of the odors from the top of the container toward your nose—and only when instructed to do so.
3. Never mix chemicals unless instructed to do so.
4. Never touch or taste any chemical unless instructed to do so.
5. Keep all lids closed when chemicals are not in use. Dispose of all chemicals as instructed by your teacher.

6. Immediately rinse with water any chemicals, particularly acids, that get on your skin and clothes. Then notify your teacher.

Eye and Face Safety

1. Whenever you see this symbol, you will know that you are performing an experiment in which you must take precautions to protect your eyes and face by wearing safety goggles.
2. When you are heating a test tube or bottle, always point it away from you and others. Chemicals can splash or boil out of a heated test tube.

Sharp Instrument Safety

1. Whenever you see this symbol, you will know that you are working with a sharp instrument.
2. Always use single-edged razors; double-edged razors are too dangerous.
3. Handle any sharp instrument with extreme care. Never cut any material toward you; always cut away from you.
4. Immediately notify your teacher if your skin is cut.

Electrical Safety

1. Whenever you see this symbol, you will know that you are using electricity in the laboratory.
2. Never use long extension cords to plug in any electrical device. Do not plug too many appliances into one socket or you may overload the socket and cause a fire.
3. Never touch an electrical appliance or outlet with wet hands.

Animal Safety

1. Whenever you see this symbol, you will know that you are working with live animals.
2. Do not cause pain, discomfort, or injury to an animal.
3. Follow your teacher's directions when handling animals. Wash your hands thoroughly after handling animals or their cages.

PRECAUCIONES EN EL LABORATORIO
Normas y símbolos

¡Cuidado con los recipientes de vidrio!

1. Este símbolo te indicará que estás trabajando con recipientes de vidrio que pueden romperse. Procede con mucho cuidado al manejar esos recipientes. Y nunca uses vasos rotos ni astillados.
2. Nunca pongas al calor recipientes húmedos. Nunca tomes ningún recipiente si está caliente. Si lo está, usa guantes resistentes al calor.
3. Siempre limpia bien un recipiente de vidrio antes de guardarlo.

¡Cuidado con el fuego!

1. Este símbolo te indicará que estás trabajando con fuego. Nunca uses algo que produzca llama sin ponerte gafas protectoras.
2. Nunca calientes nada a menos que te digan que lo hagas.
3. Nunca calientes nada en un recipiente cerrado.
4. Nunca extiendas el brazo por encima de una llama.
5. Usa siempre una grapa, pinzas o guantes resistentes al calor para manipular algo caliente.
6. Procura tener un área de trabajo vacía y limpia, especialmente si estás usando una llama.

¡Cuidado con el calor!

Este símbolo te indicará que debes ponerte guantes resistentes al calor para no quemarte las manos.

¡Cuidado con los productos químicos!

1. Este símbolo te indicará que vas a trabajar con productos químicos que pueden ser peligrosos.
2. Nunca huelas un producto químico directamente. Usa siempre las manos para llevar las emanaciones a la nariz y hazlo sólo si te lo dicen.
3. Nunca mezcles productos químicos a menos que te lo indiquen.
4. Nunca toques ni pruebes ningún producto químico a menos que te lo indiquen.
5. Mantén todas las tapas de los productos químicos cerradas cuando no los uses. Deséchalos según te lo indiquen.

6. Enjuaga con agua cualquier producto químico, en especial un ácido. Si se pone en contacto con tu piel o tus ropas, comunícaselo a tu profesor(a).

¡Cuidado con los ojos y la cara!

1. Este símbolo te indicará que estás haciendo un experimento en el que debes protegerte los ojos y la cara con gafas protectoras.
2. Cuando estés calentando un tubo de ensayo, pon la boca en dirección contraria a los demás. Los productos químicos pueden salpicar o derramarse de un tubo de ensayo caliente.

¡Cuidado con los instrumentos afilados!

1. Este símbolo te indicará que vas a trabajar con un instrumento afilado.
2. Usa siempre hojas de afeitar de un solo filo. Las hojas de doble filo son muy peligrosas.
3. Maneja un instrumento afilado con sumo cuidado. Nunca cortes nada hacia ti sino en dirección contraria.
4. Notifica inmediatamente a tu profesor(a) si te cortas.

¡Cuidado con la electricidad!

1. Este símbolo te indicará que vas a usar electricidad en el laboratorio.
2. Nunca uses cables de prolongación para enchufar un aparato eléctrico. No enchufes muchos aparatos en un enchufe porque puedes recargarlo y provocar un incendio.
3. Nunca toques un aparato eléctrico o un enchufe con las manos húmedas.

¡Cuidado con los animales!

1. Este símbolo, te indicará que vas a trabajar con animales vivos.
2. No causes dolor, molestias o heridas a ningún animal.
3. Sigue las instrucciones de tu profesor(a) al tratar a los animales. Lávate bien las manos después de tocar los animales o sus jaulas.

One of the first things a scientist learns is that working in the laboratory can be an exciting experience. But the laboratory can also be quite dangerous if proper safety rules are not followed at all times. To prepare yourself for a safe year in the laboratory, read over the following safety rules. Then read them a second time. Make sure you understand each rule. If you do not, ask your teacher to explain any rules you are unsure of.

Dress Code

1. Many materials in the laboratory can cause eye injury. To protect yourself from possible injury, wear safety goggles whenever you are working with chemicals, burners, or any substance that might get into your eyes. Never wear contact lenses in the laboratory.

2. Wear a laboratory apron or coat whenever you are working with chemicals or heated substances.

3. Tie back long hair to keep it away from any chemicals, burners and candles, or other laboratory equipment.

4. Remove or tie back any article of clothing or jewelry that can hang down and touch chemicals and flames.

General Safety Rules

5. Read all directions for an experiment several times. Follow the directions exactly as they are written. If you are in doubt about any part of the experiment, ask your teacher for assistance.

6. Never perform activities that are not authorized by your teacher. Obtain permission before "experimenting" on your own.

7. Never handle any equipment unless you have specific permission.

8. Take extreme care not to spill any material in the laboratory. If a spill occurs, immediately ask your teacher about the proper cleanup procedure. Never simply pour chemicals or other substances into the sink or trash container.

9. Never eat in the laboratory.

10. Wash your hands before and after each experiment.

First Aid

11. Immediately report all accidents, no matter how minor, to your teacher.

12. Learn what to do in case of specific accidents, such as getting acid in your eyes or on your skin. (Rinse acids from your body with lots of water.)

13. Become aware of the location of the first-aid kit. But your teacher should administer any required first aid due to injury. Or your teacher may send you to the school nurse or call a physician.

14. Know where and how to report an accident or fire. Find out the location of the fire extinguisher, phone, and fire alarm. Keep a list of important phone numbers—such as the fire department and the school nurse—near the phone. Immediately report any fires to your teacher.

Heating and Fire Safety

15. Again, never use a heat source, such as a candle or burner, without wearing safety goggles.

16. Never heat a chemical you are not instructed to heat. A chemical that is harmless when cool may be dangerous when heated.

17. Maintain a clean work area and keep all materials away from flames.

18. Never reach across a flame.

19. Make sure you know how to light a Bunsen burner. (Your teacher will demonstrate the proper procedure for lighting a burner.) If the flame leaps out of a burner toward you, immediately turn off the gas. Do not touch the burner. It may be hot. And never leave a lighted burner unattended!

20. When heating a test tube or bottle, always point it away from you and others. Chemicals can splash or boil out of a heated test tube.

21. Never heat a liquid in a closed container. The expanding gases produced may blow the container apart, injuring you or others.

Apéndice C

MEDIDAS DE PRECAUCIÓN

Una de las primeras cosas que aprende un científico es que trabajar en el laboratorio es muy interesante. Pero el laboratorio puede ser un lugar muy peligroso si no se respetan las reglas de seguridad apropiadas. Para prepararte para trabajar sin riesgos en el laboratorio, lee las siguientes reglas una y otra vez. Debes comprender muy bien cada regla. Pídele a tu profesor(a) que te explique si no entiendes algo.

Vestimenta adecuada

1. Muchos materiales del laboratorio pueden ser dañinos para la vista. Como precaución, usa gafas protectoras siempre que trabajes con productos químicos, mecheros o una sustancia que pueda entrarte en los ojos. Nunca uses lentes de contacto en el laboratorio.

2. Usa un delantal o guardapolvo siempre que trabajes con productos químicos o con algo caliente.

3. Si tienes pelo largo, átatelo para que no roce productos químicos, mecheros, velas u otro equipo del laboratorio.

4. No debes llevar ropa o alhajas que cuelguen y puedan entrar en contacto con productos químicos o con el fuego.

Normas generales de precaución

5. Lee todas las instrucciones de un experimento varias veces. Síguelas al pie de la letra. Si tienes alguna duda, pregúntale a tu profesor(a).

6. Nunca hagas nada sin autorización de tu profesor(a). Pide permiso antes de "experimentar" por tu cuenta.

7. Nunca intentes usar un equipo si no te han dado permiso para hacerlo.

8. Ten mucho cuidado de no derramar nada en el laboratorio. Si algo se derrama, pregunta inmediatamente a tu profesor(a) cómo hacer para limpiarlo.

9. Nunca comas en el laboratorio.
10. Lávate las manos antes y después de cada experimento.

Primeros auxilios

11. Por menos importante que parezca un accidente, informa inmediatamente a tu profesor(a) si ocurre algo.

12. Aprende qué debes hacer en caso de ciertos accidentes, como si te cae ácido en la piel o te entra en los ojos. (Enjuágate con muchísima agua.)

13. Debes saber dónde está el botiquín de primeros auxilios. Pero es tu profesor(a) quien debe encargarse de dar primeros auxilios. Puede que él o ella te envíe a la enfermería o llame a un médico.

14. Debes saber dónde llamar si hay un accidente o un incendio. Averigua dónde está el extinguidor, el teléfono y la alarma de incendios. Debe haber una lista de teléfonos importantes—como los bomberos y la enfermería—cerca del teléfono. Avisa inmediatamente a tu profesor(a) si se produce un incendio.

Precauciones con el calor y con el fuego

15. Nunca te acerques a una fuente de calor, como un mechero o una vela sin ponerte las gafas protectoras.

16. Nunca calientes ningún producto químico si no te lo indican. Un producto inofensivo cuando está frío puede ser peligroso si está caliente.

17. Tu área de trabajo debe estar limpia y todos los materiales alejados del fuego.

18. Nunca extiendas el brazo por encima de una llama.

19. Debes saber bien cómo encender un mechero Bunsen. (Tu profesor(a) te indicará el procedimiento apropiado.) Si la llama salta del mechero, apaga el gas inmediatamente. No toques el mechero. ¡Nunca dejes un mechero encendido sin nadie al lado!

20. Cuando calientes un tubo de ensayo, apúntalo en dirección contraria. Los productos químicos pueden salpicar o derramarse al hervir.

21. Nunca calientes un líquido en un recipiente cerrado. Los gases que se producen pueden hacer que el recipiente explote y te lastime a ti y a tus compañeros.

22. Before picking up a container that has been heated, first hold the back of your hand near it. If you can feel the heat on the back of your hand, the container may be too hot to handle. Use a clamp or tongs when handling hot containers.

Using Chemicals Safely

23. Never mix chemicals for the "fun of it." You might produce a dangerous, possibly explosive substance.

24. Never touch, taste, or smell a chemical unless you are instructed by your teacher to do so. Many chemicals are poisonous. If you are instructed to note the fumes in an experiment, gently wave your hand over the opening of a container and direct the fumes toward your nose. Do not inhale the fumes directly from the container.

25. Use only those chemicals needed in the activity. Keep all lids closed when a chemical is not being used. Notify your teacher whenever chemicals are spilled.

26. Dispose of all chemicals as instructed by your teacher. To avoid contamination, never return chemicals to their original containers.

27. Be extra careful when working with acids or bases. Pour such chemicals over the sink, not over your workbench.

28. When diluting an acid, pour the acid into water. Never pour water into an acid.

29. Immediately rinse with water any acids that get on your skin or clothing. Then notify your teacher of any acid spill.

Using Glassware Safely

30. Never force glass tubing into a rubber stopper. A turning motion and lubricant will be helpful when inserting glass tubing into rubber stoppers or rubber tubing. Your teacher will demonstrate the proper way to insert glass tubing.

31. Never heat glassware that is not thoroughly dry. Use a wire screen to protect glassware from any flame.

32. Keep in mind that hot glassware will not appear hot. Never pick up glassware without first checking to see if it is hot. See #22.

33. If you are instructed to cut glass tubing, fire-polish the ends immediately to remove sharp edges.

34. Never use broken or chipped glassware. If glassware breaks, notify your teacher and dispose of the glassware in the proper trash container.

35. Never eat or drink from laboratory glassware. Thoroughly clean glassware before putting it away.

Using Sharp Instruments

36. Handle scalpels or razor blades with extreme care. Never cut material toward you; cut away from you.

37. Immediately notify your teacher if you cut your skin when working in the laboratory.

Animal Safety

38. No experiments that will cause pain, discomfort, or harm to mammals, birds, reptiles, fishes, and amphibians should be done in the classroom or at home.

39. Animals should be handled only if necessary. If an animal is excited or frightened, pregnant, feeding, or with its young, special handling is required.

40. Your teacher will instruct you as to how to handle each animal species that may be brought into the classroom.

41. Clean your hands thoroughly after handling animals or the cage containing animals.

End-of-Experiment Rules

42. After an experiment has been completed, clean up your work area and return all equipment to its proper place.

43. Wash your hands after every experiment.

44. Turn off all burners before leaving the laboratory. Check that the gas line leading to the burner is off as well.

22. Antes de tomar un recipiente que se ha calentado, acerca primero el dorso de tu mano. Si puedes sentir el calor, el recipiente está todavía caliente. Usa una grapa o pinzas cuando trabajes con recipientes calientes.

Precauciones en el uso de productos químicos

23. Nunca mezcles productos químicos para "divertirte." Puede que produzcas una sustancia peligrosa tal como un explosivo.

24. Nunca toques, pruebes o huelas un producto químico si no te indican que lo hagas. Muchos de estos productos son venenosos. Si te indican que observes las emanaciones, llévalas hacia la nariz con las manos. No las aspires directamente del recipiente.

25. Usa sólo los productos necesarios para esa actividad. Todos los envases deben estar cerrados si no están en uso. Informa a tu profesor(a) si se produce algún derrame.

26. Desecha todos los productos químicos según te lo indique tu profesor(a). Para evitar la contaminación, nunca los vuelvas a poner en su envase original.

27. Ten mucho cuidado cuando trabajes con ácidos o bases. Viértelos en la pila, no sobre tu mesa.

28. Cuando diluyas un ácido, viértelo en el agua. Nunca viertas agua en el ácido.

29. Enjuágate inmediatamente la piel o la ropa con agua si te cae ácido. Notifica a tu profesor(a).

Precauciones con el uso de vidrio

30. Para insertar vidrio en tapones o tubos de goma, deberás usar un movimiento de rotación y un lubricante. No lo fuerces. Tu profesor(a) te indicará cómo hacerlo.

31. No calientes recipientes de vidrio que no estén secos. Usa una pantalla para proteger el vidrio de la llama.

32. Recuerda que el vidrio caliente no parece estarlo. Nunca tomes nada de vidrio sin controlarlo antes. Véase # 22.

33. Cuando cortes un tubo de vidrio, lima las puntas inmediatamente para alisarlas.

34. Nunca uses recipientes rotos ni astillados. Si algo de vidrio se rompe, notifícalo inmediatamente y desecha el recipiente en el lugar adecuado.

35. Nunca comas ni bebas de un recipiente de vidrio del laboratorio. Limpia los recipientes bien antes de guardarlos.

Uso de instrumentos afilados

36. Maneja los bisturíes o las hojas de afeitar con sumo cuidado. Nunca cortes nada hacia ti sino en dirección contraria.

37. Notifica inmediatamente a tu profesor(a) si te cortas.

Precauciones con los animales

38. No debe realizarse ningún experimento que cause ni dolor, ni incomodidad, ni daño a los animales en la escuela o en la casa.

39. Debes tocar a los animales sólo si es necesario. Si un animal está nervioso o asustado, preñado, amamantando o con su cría, se requiere cuidado especial.

40. Tu profesor(a) te indicará cómo proceder con cada especie animal que se traiga a la clase.

41. Lávate bien las manos después de tocar los animales o sus jaulas.

Al concluir un experimento

42. Después de terminar un experimento limpia tu área de trabajo y guarda el equipo en el lugar apropiado.

43. Lávate las manos después de cada experimento.

44. Apaga todos los mecheros antes de irte del laboratorio. Verifica que la línea general esté también apagada.

Glossary

Pronunciation Key

When difficult names or terms first appear in the text, they are respelled to aid pronunciation. A syllable in SMALL CAPITAL LETTERS receives the most stress. The key below lists the letters used for respelling. It includes examples of words using each sound and shows how the words would be respelled.

Symbol	Example	Respelling
a	hat	(hat)
ay	pay, late	(pay), (layt)
ah	star, hot	(stahr), (haht)
ai	air, dare	(air), (dair)
aw	law, all	(law), (awl)
eh	met	(meht)
ee	bee, eat	(bee), (eet)
er	learn, sir, fur	(lern), (ser), (fer)
ih	fit	(fiht)
igh	mile, sigh	(mighl), (sigh)
oh	no	(noh)
oi	soil, boy	(soil), (boi)
oo	root, rule	(root), (rool)
or	born, door	(born), (dor)
ow	plow, out	(plow), (owt)

Symbol	Example	Respelling
u	put, book	(put), (buk)
uh	fun	(fuhn)
yoo	few, use	(fyoo), (yooz)
ch	chill, reach	(chihl), (reech)
g	go, dig	(goh), (dihg)
j	jet, gently, bridge	(jeht), (JEHNT-lee), (brihj)
k	kite, cup	(kight), (kuhp)
ks	mix	(mihks)
kw	quick	(kwihk)
ng	bring	(brihng)
s	say, cent	(say), (sehnt)
sh	she, crash	(shee), (krash)
th	three	(three)
y	yet, onion	(yeht), (UHN-yuhn)
z	zip, always	(zihp), (AWL-wayz)
zh	treasure	(TREH-zher)

absolute zero: temperature at which all molecular motion ceases; lowest possible temperature (0 K, –273°C)

active solar-heating system: heating system that uses a solar collector to store heat from the sun and an arrangement of a hot-water heater and pipes to circulate heat throughout a building

bimetallic strip: strip consisting of two different metals that expand at different rates and cause the strip to bend; switch in a thermostat

boiling point: temperature at which a substance changes from the liquid phase to the gas phase

calorie: unit used to measure heat

calorimeter (kal-uh-RIHM-uht-er): instrument used to measure the heat given off in chemical reactions

Celsius scale: metric temperature scale on which water freezes at 0° and boils at 100°

central heating system: system that generates heat for an entire building or group of buildings from a central location

combustion: process in which fuels are combined with oxygen at a high temperature; the burning of a fuel

conduction (kuhn-DUHK-shuhn): heat transfer through a substance or from one substance to another by direct contact of molecules

conductor: substance that transfers heat more easily and rapidly than other substances

convection (kuhn-VEHK-shuhn): heat transfer in liquids and gases by means of convection currents

Glosario

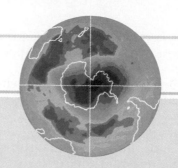

Clave de pronunciación

Cada vez que nombres o términos difíciles aparecen por primera vez en el texto de inglés, se deletrean para facilitar su pronunciación. La sílaba que está en MAYÚSCULA PEQUEÑA es la más acentuada. En la clave de abajo hay una lista de las letras usadas en nuestro deletreo. Incluye ejemplos de las palabras que usan cada sonido y muestra cómo se deletrean.

Símbolo	Ejemplo	Redeletreo
a	hat	(hat)
ay	pay, late	(pay), (layt)
ah	star, hot	(stahr), (haht)
ai	air, dare	(air), (dair)
aw	law, all	(law), (awl)
eh	met	(meht)
ee	bee, eat	(bee), (eet)
er	learn, sir, fur	(lern), (ser), (fer)
ih	fit	(fiht)
igh	mile, sigh	(mighl), (sigh)
oh	no	(noh)
oi	soil, boy	(soil), (boi)
oo	root, rule	(root), (rool)
or	born, door	(born), (dor)
ow	plow, out	(plow), (owt)

Símbolo	Ejemplo	Redeletreo
u	put, book	(put), (buk)
uh	fun	(fuhn)
yoo	few, use	(fyoo), (yooz)
ch	chill, reach	(chihl), (reech)
g	go, dig	(goh), (dihg)
j	jet, gently, bridge	(jeht), (JEHNT-lee), (brihj)
k	kite, cup	(kight), (kuhp)
ks	mix	(mihks)
kw	quick	(kwihk)
ng	bring	(brihng)
s	say, cent	(say), (sehnt)
sh	she, crash	(shee), (krash)
th	three	(three)
y	yet, onion	(yeht), (UHN-yuhn)
z	zip, always	(zihp), (AWL-wayz)
zh	treasure	(TREH-zher)

aislante: sustancia que no conduce bien el calor

aislamiento: prevención de la pérdida de calor, por reducción de la transferencia de calor por medio de conducción y convección

calor: forma de energía causada por el movimiento interno de las moléculas de la materia

calor específico: capacidad de una sustancia para absorber energía calórica

calor de fusión: cantidad de calor que se necesita para cambiar una sustancia del estado sólido al estado líquido

calor de vaporización: cantidad de vapor que se necesita para cambiar una sustancia del estado líquido a la estado gaseoso

caloría: unidad usada para medir el calor

calorímetro: instrumento usado para medir el calor que se desprende durante una reacción química

cambio de estado: cambio de la materia de un estado (sólido, líquido o gas) a otro

cero absoluto: temperatura a la cual cesa el movimiento molecular; la temperatura más baja posible (0 K, –273˚C)

combustión: proceso en el cual los combustibles se combinan con oxígeno a alta temperatura; acción de quemar un combustible.

conducción: transferencia de calor a través de una sustancia, o de una sustancia a otra, por contacto directo de las moléculas

conductor: sustancia que transmite el calor más rápida y fácilmente que otras sustancias

cooling system: system that removes heat from a building, room, or other enclosed space by evaporation

external-combustion engine: engine in which fuel is burned outside the engine; a steam engine

fiberglass: common insulating material consisting of long, thin strands of glass packed together

freezing point: temperature at which a substance changes from the liquid phase to the solid phase

heat: form of energy caused by the internal motion of molecules of matter

heat engine: machine that changes heat energy into mechanical energy in order to do work

heat of fusion: amount of heat needed to change a substance from the solid phase to the liquid phase

heat of vaporization: amount of heat needed to change a substance from the liquid phase to the gas phase

heat-pump system: heating system that takes heat from the outside air and brings it inside

heat transfer: movement of heat from a warmer object to a cooler one

hot-water system: heating system in which hot water is pumped through pipes to a convector that heats a room by means of convection currents

insulation: prevention of heat loss by reducing the transfer of heat by conduction and convection

insulator: substance that does not conduct heat easily

internal-combustion engine: engine in which the burning of fuel takes place inside the engine; a gasoline engine

Kelvin scale: metric temperature scale on which 0 K represents absolute zero, the freezing point of water is 273 K, and the boiling point of water is 373 K

kinetic (kih-NEHT-ihk) **energy:** energy that a moving object has due to its motion; energy of motion

melting point: temperature at which a substance changes from the solid phase to the liquid phase

molecule (MAHL-ih-kyool): tiny particle of matter that is always in motion

passive solar-heating system: heating system in which a building is heated directly by the rays of the sun

phase change: change of matter from one phase (solid, liquid, or gas) to another

potential (poh-TEHN-shuhl) **energy:** energy stored in a substance

radiant electric system: heating system in which electricity is passed through wires or cables that resist the flow of electricity, thus producing heat

radiant hot-water system: heating system in which hot water runs through a continuous coil of pipe in the floor of a room and heats the room through radiation

radiation (ray-dee-AY-shuhn): heat transfer through space

solar-heating system: heating system that uses the energy of the sun to produce heat

specific heat: ability of a substance to absorb heat energy

steam-heating system: heating system in which steam is forced through pipes from a boiler to a convector that heats a room by means of convection currents

temperature: measure of the motion of molecules

thermal expansion: expansion of a substance due to heat

thermal pollution: damage to the environment due to waste heat that causes an unnatural rise in temperature

thermometer: instrument used to measure temperature

thermostat (THER-muh-stat): device that helps control the temperature in an indoor area or in an appliance

warm-air system: heating system in which heated air is forced through ducts to vents and moves throughout a room by means of convection currents

convección: transferencia de calor en los líquidos y gases por medio de corrientes de convección

energía cinética: energía que tienen los objetos en movimiento debido a su propio movimiento; energía del movimiento

energía potencial: energía almacenada en una sustancia

escala de Celsius: escala métrica de temperatura en la cual el agua se congela a 0° e hierve a 100°

escala de Kelvin: escala métrica de temperatura en la cual 0 K representa el cero absoluto, el punto de congelación del agua es 273 K y el punto de ebullición del agua es 373 K

expansión térmica: expansión de una sustancia debido al calor

fibra de vidrio: material común de aislamiento que consiste en hebras finas y largas de vidrio unidas

molécula: pequeña partícula de materia que está siempre en movimiento

motor de combustión externa: motor en el cual se quema combustible fuera del motor; motor a vapor

motor de combustión interna: motor en el cual la combustión tiene lugar dentro del motor; motor a gasolina

motor térmico: máquina que cambia la energía calórica en energía mecánica para realizar trabajo

polución térmica: daño al medio ambiente debido al calor de desecho que causa una elevación artificial de la temperatura

punto de congelación: temperatura a la cual una sustancia cambia del estado líquido al sólido

punto de ebullición: temperatura a la cual una sustancia cambia del estado líquido al gaseoso.

punto de fusión: temperatura a la cual una sustancia cambia del estado sólido al estado líquido**radiación:** transferencia de calor a través del espacio

sistema por agua caliente: sistema de calefacción en el cual se bombea agua caliente a través de tuberías, a un convector que calienta una habitación por medio de corrientes de convección

sistema de aire caliente: sistema de calefacción en el cual el aire caliente pasa a través de conductos a ventiladores, y se mueve en una habitación gracias a las corrientes de convección

sistema de bomba de calor: sistema de calefacción que toma calor del aire exterior y lo trae al interior

sistema de calefacción central: sistema que genera calor para todo un edificio o grupo de edificios desde una ubicación central

sistema de calefacción solar: sistema de calefacción que usa la energía del sol para producir calor

sistema de calefacción solar activo: sistema de calefacción que usa un colector solar para acumular calor del sol, haciéndolo circular por el edificio con un calentador a agua caliente y caños

sistema de calefacción solar pasivo: sistema de calefacción por el cual los rayos de sol calientan directamente un edificio

sistema de calefacción por vapor: sistema de calefacción en el cual se fuerza el vapor a través de tuberías desde una caldera, a un convector que calienta una habitación por medio de corrientes de convección

sistema eléctrico radiante: sistema de calefacción en el cual la electricidad se pasa por cables o alambres que resisten el paso de la electricidad, produciendo así calor

sistema de enfriamiento: sistema que quita calor de un edificio, habitación u otro espacio cerrado por evaporación

sistema de losa radiante: sistema de calefacción en el cual el agua caliente circula por una red continua de caños en el piso de una habitación y lo calienta por radiación

temperatura: medida del movimiento de las moléculas

termómetro: instrumento usado para medir la temperatura

termostato: mecanismo que ayuda a regular la temperatura de un área interior o de un aparato doméstico

tira bimetálica: tira formada por dos metales con distinta tasa de expansión, que hacen que la tira se doble; interruptor de los termostatos

transferencia de calor: desplazamiento de calor de un objeto más caliente a uno más frío

Index

Índice

Credits

Cover Background: Ken Karp
Photo Research: Omni-Photo Communications, Inc.
Contributing Artists: Warren Budd & Assoc., Ltd.; Carol Schwartz/Dilys Evans, Art Representatives; Ray Smith; Ames and Zak; Function Thru Form
Photographs: 4 left: J. Benser/Leo De Wys, Inc.; right: Johnny Johnson/Animals Animals/Earth Scenes; **5** top: NASA; bottom left: Tom Stack/Tom Stack & Associates; bottom right: Rolf Sorensen/Tony Stone Worldwide/Chicago Ltd.; **6** top: Lefever/Grushow/Grant Heilman Photography; center: Index Stock Photography, Inc.; bottom: Rex Joseph; **7** top: Dan McCoy/Rainbow; bottom: Gerhard Gscheidle/Image Bank; **9** left: Colin Bell/Tony Stone Worldwide/Chicago Ltd.; right: P.V.E. Ivory: OUTING/ Mary Evans Picture Library/Photo Researchers, Inc.; **10** and **11** Rebuffat/Photo Researchers, Inc.; **12** Johnny Johnson/Animals Animals/Earth Scenes; **13** Chuck Keeler/Tony Stone Worldwide/Chicago Ltd.; **14** top: Tom Stack/Tom Stack & Associates; bottom: Larry Minden/Minden Pictures,Inc.; **15** Kevin Horan/Stock Boston, Inc.; **16** DPI;**17**J. Messerschmidt/Leo De Wys, Inc.; **18** Leverett Bradley/DPI; **19** top: Craig Tuttle/Stock Market;bottom: Frans Lanting/Minden Pictures, Inc.; **20** Werner Wolff/Black Star; **21** NASA/Omni Photo Communications, Inc.; **23** left: Bill Bachman/Photo Researchers, Inc.; right: Francois Dardelet/Image Bank; **26** left: Ken Karp/Omni Photo Communications, Inc.; right: NASA; **28** top: Geraldine Prentice/Tony Stone Worldwide/Chicago Ltd.; bottom: Luis Castañeda/Image Bank; **29** top: Rolf Sorensen/Tony Stone Worldwide/Chicago Ltd.; bottom left: Randy Duchaine/Stock Market; bottom right: Roy Morsch/Stock Market; **32** Richard Choy/Peter Arnold, Inc.; **33** left: Roy Morsch/Stock Market; right: Jacques Chenet/Woodfin Camp & Associates; **35** Ken Karp; **42** left: Michael Skott/Image Bank; right: Uniphoto; **46** Roy Gumpel/Leo De Wys, Inc.; **47** left: Thomas Braise/Stock Market; right: Harald Sund/Image Bank; **48** J. Benser/Leo De Wys, Inc.; **49** top: Tony Stone Worldwide/Chicago Ltd.; bottom left: Joe Bator/Stock Market; bottom right: Henley & Savage/Stock Market;**50** Al Hamdan/Image Bank; **51** Chris Bonington/ Woodfin Camp & Associates; **52** David Madison Photography; **53** NASA/Science Source/Photo Researchers, Inc.; **54** Hal Clason/Tom Stack & Associates; **55** NASA; **57** Detroit Diesel Corporation; **59** Dan McCoy/Rainbow; **63** Roy Gumpel/Leo De Wys, Inc.; **64** Robert Severi;**65** left: Atlantic Research Corporation; right: Michael Collier/Stock Boston, Inc.; **66** Pete Turner/Image Bank;**67** top: Robert Knight/Leo De Wys, Inc.; bottom:D. Aubert/Sygma; **68** top left: Steve Proehl/Image Bank; top right: Mickey Pfleger/Photo 20–20; bottom: James K. Hackett/Leo De Wys, Inc.; **69** Georgia Power; **70** Robert F. Elliott/ H. Armstrong Roberts, Inc.; **71** Georgia Power; **72** left: Luis Castañ-eda/Image Bank; right: Roy Gumpel/Leo De Wys, Inc; **85** NASA/Science Source/Photo Researchers, Inc.; **87** DPI

Créditos

Cover Background: Ken Karp
Photo Research: Omni-Photo Communications, Inc.
Contributing Artists: Warren Budd & Assoc., Ltd.; Carol Schwartz/Dilys Evans, Art Representatives; Ray Smith; Ames and Zak; Function Thru Form
Photographs: 4 left: J. Benser/Leo De Wys, Inc.; right: Johnny Johnson/Animals Animals/Earth Scenes; **5** top: NASA; bottom left: Tom Stack/Tom Stack & Associates; bottom right: Rolf Sorensen/Tony Stone Worldwide/Chicago Ltd.; **6** top: Lefever/Grushow/Grant Heilman Photography; center: Index Stock Photography, Inc.; bottom: Rex Joseph; **8** top: Dan McCoy/Rainbow; bottom: Gerhard Gscheidle/Image Bank; **9** left: Colin Bell/Tony Stone Worldwide/Chicago Ltd.; right: P.V.E. Ivory: OUTING/Mary Evans Picture Library/Photo Researchers, Inc.; **10** and **11** Rebuffat/Photo Researchers, Inc.; **12** Johnny Johnson/Animals Animals/Earth Scenes; **13** Chuck Keeler/Tony Stone Worldwide/Chicago Ltd.; **14** top: Tom Stack/Tom Stack & Associates; bottom: Larry Minden/Minden Pictures,Inc.; **15** Kevin Horan/Stock Boston, Inc.; **16** DPI;**17**J. Messerschmidt/Leo De Wys, Inc.; **18** Leverett Bradley/DPI; **19** top: Craig Tuttle/Stock Market;bottom: Frans Lanting/Minden Pictures, Inc.; **20** Werner Wolff/Black Star; **21** NASA/Omni Photo Communications, Inc.; **23** left: Bill Bachman/Photo Researchers, Inc.; right: Francois Dardelet/Image Bank; **26** left: Ken Karp/Omni Photo Communications, Inc.; right: NASA; **28** top: Geraldine Prentice/Tony Stone Worldwide/Chicago Ltd.; bottom: Luis Castañeda/Image Bank; **29** top: Rolf Sorensen/Tony Stone Worldwide/Chicago Ltd.; bottom left: Randy Duchaine/Stock Market; bottom right: Roy Morsch/Stock Market; **32** Richard Choy/Peter Arnold, Inc.; **33** left: Roy Morsch/Stock Market; right: Jacques Chenet/Woodfin Camp & Associates; **35** Ken Karp; **42** left: Michael Skott/Image Bank; right: Uniphoto; **46** Roy Gumpel/Leo De Wys, Inc.; **47** left: Thomas Braise/Stock Market; right: Harald Sund/Image Bank; **48** J. Benser/Leo De Wys, Inc.; **49** top: Tony Stone Worldwide/Chicago Ltd.; bottom left: Joe Bator/Stock Market; bottom right: Henley & Savage/Stock Market;**50** Al Hamdan/Image Bank; **51** Chris Bonington/ Woodfin Camp & Associates; **52** David Madison Photography; **53** NASA/Science Source/Photo Researchers, Inc.; **54** Hal Clason/Tom Stack & Associates; **55** NASA; **57** Detroit Diesel Corporation; **59** Dan McCoy/Rainbow; **63** Roy Gumpel/Leo De Wys, Inc.; **64** Robert Severi;**65** left: Atlantic Research Corporation; right: Michael Collier/Stock Boston, Inc.; **66** Pete Turner/Image Bank;**67** top: Robert Knight/Leo De Wys, Inc.; bottom:D. Aubert/Sygma; **68** top left: Steve Proehl/Image Bank; top right: Mickey Pfleger/Photo 20–20; bottom: James K. Hackett/Leo De Wys, Inc.; **69** Georgia Power; **70** Robert F. Elliott/ H. Armstrong Roberts, Inc.; **71** Georgia Power; **72** left: Luis Castañ-eda/Image Bank; right: Roy Gumpel/Leo De Wys, Inc; **85** NASA/Science Source/Photo Researchers, Inc.; **87** DPI